[新版]

ロシア語
使える文型
80

村田 真一／監修
×
佐山 豪太／著

東洋書店新社

はじめに

　本書は、日常的によく使われる重要な文型を会話表現の中でマスターすることを目的としています。ここでいう文型とは、「AというよりむしろB」や「～というわけではないけれど…」などの文を構成するイディオム、パターン、重要な語句からなる構文を指します。
　外国語で会話するには、語彙を増やす作業は不可欠ですが、単語や表現をそのまま覚えただけでは実際には使えません。せっかく単語や表現を覚えても、それを会話の中で思うように組み合わせて文が作れないという悩みは、中級・上級者になってもついてまわります。
　文法学習をひと通り終え、語彙が増えてきた学習者は、次の段階に入るために使用頻度・重要度の高い文型を覚えることが必要になります。文型に単語や表現を流し込むことにより、文をつくる作業が比較的楽になるからです。
　たとえば、"éсли и + 動詞 …, то…（～するなら）" という文型を知っていれば、「買う」、「パソコン」といった初級レベルの単語を使って、以下のような例文が作れます。

> [例] Éсли и покупáть компью́тер, то на Акихабáре！
> [訳] パソコンを買うなら秋葉原だね！

　他にも、"疑問詞 + бы ни + 動詞（いくら、どんなに、何を～しても、…）" という文型と「英語」、「ジョギング」、「やめる」などの単語を用いて、次の文が作れます。

> [例] Я бро́сил англи́йский язы́к и заня́тия бе́гом. Что бы я ни де́лал, я всё сра́зу броса́ю.
> [訳] 英語とジョギングをやめた。何をやってもすぐやめてしまう。

　つまり、自在に操れる文型の量を少しずつ増やしていけば、会話で文を組み立てる作業がよりスムーズに進み、表現できる内容の幅が広がっていきます。同時に、能率よく文を作れるのも、このような文型を覚える利点の一つです。
　本書の例文はすべてオリジナルで、おもに若い人の実生活の様々な場面から取り出しました。これらは著者のウラジオストック留学やロシア出張を通して得た知識と体験のほか、日本に暮らすロシアの友人との交

流が基になっています。本書で用いられる単語や表現は、日常生活における使用頻度がきわめて高いものです。
　さらに、例文は日本・ロシア文化に関する内容のものが多くなっています。学習者（日本人）が交流するロシア人の中には日本語を勉強していたり、日本文化に興味を抱いている人が少なくないからです。例文に出てくる単語や表現を覚えておけば、日常会話だけでなく、このようなテーマで会話をする際にも大いに役に立つでしょう。

　本書は、とくに次のような学習者のために編まれています。

1. 文法の学習を一通り終えて、次のステップに入ろうとしている人
2. 習得した単語や表現を会話の中で活かしきれない人
3. ロシア語を専攻して2年目以降の人（第二外国語として学習している人は3年目以降が望ましい）
4. ロシア留学を考えている人・ロシアで生活する人
5. 留学から帰ってきてからも語学力を維持したい、あるいはさらに伸ばしたい人

　また、本書に出てくる文型は一例で、文脈によっては他の文型が最適な訳語となることがありますが、最も一般的、もしくはより多くの場面で使用できる文型を選びました。

　本書が効果的なロシア語学習に役立てば、この上ない喜びです。皆様の今後の学習がうまくいくことを心より願っております。

　ロシア語校閲はスヴェトラーナ・ラティシェワ先生が、CD録音ではラティシェワ先生、セルゲイ・ロマノフ氏、ヴィクトル・ニジェリスコイ氏が労をとってくださいました。また、新しい文型 (81-83) に関してはエリザベータ・メドヴェデワ氏（ロシア国立人文大学）がロシア語校閲を、古田絢子氏（東京外国語大学）が例文作成の補助を担当してくださいました。他にも、執筆中には佐藤弘樹氏、在原伸氏、佐山ゆき氏に支えて頂きました。そして、本書の企画、執筆、編集にあたって、とりわけ東洋書店編集部の堀江耕氏と岩田悟氏にご尽力とご指導を頂きました。関係者のみなさまに厚くお礼申し上げます。

2016年8月

監修者
著者

目　次

はじめに
凡例

第 1 部　　　　　　　　　　　　　　　　　　　　　15

(1)	да́же + 単 語 〜さえ、〜すら、〜でも	16
(2)	(но) зато́… (でも) そのかわり	18
(3)	то́лько… ただ、ただし	20
(4)	да́же е́сли… (たとえ)〜としても	22
(5)	тогда́… そうしたら、それなら	24
(6)	① (у кого́) получа́ться-получи́ться + 動 詞 ② (主語) получа́ться-получи́ться うまくいく、(うまく)〜できる	26
(7)	① тако́й + 形容詞…, что… ② так + 副 詞…, что… 〜ほど…、〜くらい…	28
(8)	не то́лько A …, но и B … Aだけでなく、Bも〜	30
(9)	хоте́ть, что́бы… / хоте́ться, что́бы… 〜してほしい、〜であってほしい	32
(10)	всё равно́ どのみち、どうせ、いずれにしても	34
(11)	① благодаря́ кому́-чему́ ② благодаря́ тому́, что… 〜(の)おかげで	36

(12)	① чтóбы + 動詞 ② чтóбы… 〜するために、〜するように	38
(13)	пóсле тогó, как… 〜したあとで	40
(14)	① несмотря́ на *что* ② несмотря́ на то, что… 〜にもかかわらず、〜なのに	42
(15)	всё-таки （それでも）やはり、それでも	44
(16)	как бу́дто… / бу́дто… （まるで）〜のように、〜みたいに	46
(17)	① перед тем, как + 動詞 / как… ② до тогó, как + 動詞 / как… ①〜まえ、〜まえに（直前に） ②〜まえ、〜まえに（までに）	48
(18)	① из-за *когó-чегó* ② из-за тогó, что… 〜（の）せいで、〜ので	50
(19)	пока́… 〜しているうちは（に）、している間	52
(20)	пока́ не… 〜しないうちは（に）、〜するまで	54
(21)	с тех пор, как… 〜して以来、〜してから	56
(22)	по мéре тогó, как… 〜するにつれて	58
(23)	ина́че… / а то… さもないと〜、そうでないと〜	60
(24)	① *(комý)* всё равнó, … ② *(комý)* безразли́чно, … どうでもいい、どちらでもいい	62

第 2 部

(25)	疑問詞 + 比較級…, A или B ? AとB、どちらが（の方）〜	66
(26)	не то, чтобы…, про́сто… 〜というわけではないけれど…、〜ことはないけれど…	68
(27)	① не так уж (и) + 副詞 ② не тако́й уж (и) + 形容詞 それほど〜ではない、たいして〜ではない	70
(28)	допу́стим, (что) … 仮に〜としたら（としよう）、たとえば〜	72
(29)	хоть и + 単語…, но… 〜といっても、…、〜とはいえ、…	74
(30)	① но не насто́лько, что́бы + 動詞 ② но не насто́лько, что́бы… 〜だが、…ほどではない	76
(31)	① (кому́) приходи́ться-прийти́сь + 動詞 ② (кому́) ничего́ не остаётся-оста́нется, 　 кро́ме как + 動詞 〜しなければならない、〜することになる、〜するしかない	78
(32)	① а что, е́сли кому́ попро́бовать + 動詞 ② а мо́жет быть, кому́ попро́бовать + 動詞 〜してみたら（どうだろう）	80
(33)	① (ча́сто) быва́ет, что… ② 単語 (ча́сто) быва́ет ①〜ことは（よく）ある ②〜は（よく）ある	82
(34)	дава́й я… / дава́йте я… （私が）〜しようか／〜しましょうか	84
(35)	всё + 比較級 (и 比較級) ますます〜になる、〜一方だ	86
(36)	① скоре́е A, чем B ② не A, а скоре́е B ① BというよりむしろA ② AというよりむしろB	88

(37)	что каса́ется *кого́-чего́*, (то) … 〜に関して言えば、〜について言うと	90
(38)	① мо́жет быть ② возмо́жно / возмо́жно, что… ③ мочь + 動詞 〜かもしれない、〜可能性がある	92
(39)	не A, а наоборо́т [напро́тив] B Aではなく、逆に（むしろ）B	94
(40)	① лишь бы + 動詞 ② лишь бы… 〜すればいい、（〜さえ）…ならいい、〜でさえあれば…	96
(41)	① здесь [тут] ни при чём ② име́ть отноше́ние к *кому́-чему́* / 　 не име́ть отноше́ния к *кому́-чему́* ①関係がない　②〜と関係がある / ない	98
(42)	① не́которые (+ 名詞) … / есть + 人を表す名詞, … ② одни́…, а други́е… ①〜人もいる　②〜人もいれば、〜人もいる	100
(43)	де́ло в том, что… 実は〜（ということだ）	102
(44)	тем бо́лее, (что) … （しかも）〜なおさらだ、ましてや〜だ	104
(45)	с одно́й стороны́…, с друго́й стороны́… 〜一方で、… / 一方で〜、他方で…	106
(46)	(уж) е́сли и + 動詞…, то… （もし）〜するなら	108
(47)	как то́лько… 〜するとすぐに、〜するなり	110
(48)	ка́ждый раз, когда́… 〜するたびに、〜するといつも	112
(49)	во-пе́рвых, … во-вторы́х, … 第一に〜、第二に…	114

第 3 部

(50)	чем + 比較級…, тем + 比較級… 〜すれば〜するほど…	118
(51)	получа́ется, (что)… 〜ということになる	120
(52)	比較級, чем 主語 ду́мать 〜が思っている（考えている）より…	122
(53)	① то A, то B ② イントネーションで表現する 〜たり、〜たり／〜とか、〜とか	124
(54)	ни A, ни B Aも、Bも〜ない	126
(55)	та́к-то (оно́) так, но…／да, э́то так, но… それはそうだけど、…	128
(56)	то́лько и де́лать, что…／то́лько и знать, что… 〜してばかりいる、〜ばかりしている	130
(57)	как мо́жно + 比較級 できるだけ〜、なるべく〜	132
(58)	вот-во́т… 今にも〜しそうだ	134
(59)	(а) что, е́сли… 〜したらどうしよう	136
(60)	то́лько когда́…／лишь когда́… 〜してはじめて	138
(61)	как 主語 мочь + 動詞 よくも〜ができるな、よく〜ができるものだ	140
(62)	① кро́ме кого́-чего́ ② за исключе́нием кого́-чего́ 〜以外は、〜をのぞいて	142

(63)	①су́дя по *чему́* ②су́дя по тому́, … ～ところを見ると、～から判断すると	144
(64)	①не дай Бог + 動詞 / не хвата́ло ещё + 動詞 ②не дай Бог, что́бы… / не хвата́ло ещё, что́бы… ～はまずい、～は嫌だ	146
(65)	…, не говоря́ уже́ о *ком-чём* ～はもちろん、…も	148
(66)	не име́ть значе́ния (для *кого́-чего́*) (～にとって)意味をもたない、問題ではない	150
(67)	э́то же + 名詞 ～(のこと)だから、～なら、～なんだから	152

第4部　　　　　　　　　　　　　　　　　　155

(68)	疑問詞 + бы ни + 動詞 (いくら、どんなに、どこに、何を)～しても、…	156
(69)	①А и В — э́то ра́зные ве́щи ②одно́ де́ло А, а друго́е В АとВは別物だ、АとВは違う	158
(70)	①незави́симо от *кого́-чего́* ②незави́симо от того́, … ～に関係なく	160
(71)	по сравне́нию с *кем-чем* ～と比べて	162
(72)	①про́сто ②…и не бо́лее того́ ①～だけだ ②～にすぎない、～程度だ	164
(73)	①и без того́ + 単語, а… ②и без того́ + 単語 ①ただでさえ～なのに、… ②ただでさえ～なのに	166

(74)	① недоста́точно того́, что… ② одного́ + 名詞 ма́ло 〜だけでは不十分だ	168
(75)	① разуме́ется, (что) … ② есте́ственно, (что) … 当然〜だ、〜は当たり前だ	170
(76)	① реша́ться-реши́ться + 動詞 ② реша́ться-реши́ться на что 〜を決心する、思い切って〜する	172
(77)	① раз…, зна́чит, … ② … Это зна́чит, (что) … ①〜ということは、…だ ②ということは…だ	174
(78)	① ско́лько мо́жно + 動詞 ② … Ско́лько мо́жно! 〜にもほどがある、〜にも限度がある	176
(79)	нельзя́ однозна́чно утвержда́ть, что… 〜と一概には言えない	178
(80)	① одно́ (то́лько) назва́ние, что + 名詞 ② 名詞 — одно́ (то́лько) назва́ние 〜など名ばかり	180
(81)	① да́й(те) кому́ + 動詞 ② разреши́(те) кому́ + 動詞 〜させて（ください）	182
(82)	пробле́ма в том, что… 問題（なの）は〜ことだ。	184
(83)	смотря́ + 疑問詞 〜次第だ、〜による	186

重要な単語・表現 188

凡　例

1. 文型の見出し語
　会話でよく用いられる、使える文型を中心に選びました。文型は大きく4つのパートに分類されています。パート1からパート4まで、学習者に覚えてほしい順に載せていますが、自分に必要な文型から始めてもかまいません。

2. ページ構成
　各文型の導入部には短い文から成る例文と文型解説があります。さらに、**ミニ・ダイアローグ形式**の例文も活用して文型への理解をより深め、同時に他の単語や表現も覚えてください。

3. 例文と訳文
　日常生活の中に出てくる様々な場面を想定した例文を考えました。会話のテーマは、学習者が例文を実際に口に出しやすいよう、**日本・ロシア文化、ロシア語・日本語、学生生活、よくある日常の出来事**に関するものが多くなっています。また、ほぼ全ての例文が、友人2人のミニ・ダイアローグになっていて、"**ты**"で呼び合う人たちが使う文体で構成されています。訳文は、ロシア語の例文をできるかぎり自然な日本語に置き換えました。

4. 略号・記号
①文型の見出し語に含まれている**A、B**という記号は、対象となる単語や語句が2つあることを表します。
②文型の見出し語に含まれている「名詞」という表記は名詞だけでなく、**名詞句**も含みます。
③文型の見出し語に含まれている（　）は、（　）内の単語を省略する場合があることを示しています。
④［　］は、［　］内の単語と直前の単語が入れ替え可能であることを示します。
⑤文末に付いている□はチェックマークです。レ点を入れたり、マーカーで色をつけるなどして活用してください。

5. CD
　🆑が付されている例文の音声はCDに吹き込まれています。繰り返し聴くことにより、発音、アクセントはもちろん、イントネーションもしっかり身につけましょう。

6. 練習
①例文を参照して文型の意味と使い方をよく理解してください。同時に単語や表現を覚えてください。
②正しい発音、アクセント、イントネーションを身につけるために、必ずCDを聴きながら例文を口に出して練習してください。

③単語や表現を覚えたら、日本語の訳文をロシア語に戻す練習をしてください。
④さらに、文型を使って自分で例文を作ってみてください。暗記しやすいように、身の回りで実際に起きた内容をとりあげるといいでしょう。

7. 重要な単語・表現（☆マーク）

例文の中には☆マークの付いている単語と表現があります。どれも使用頻度が高く、便利な単語と表現なので、覚えておけば会話の中で役に立ちます。文型とあわせて使いこなせるようにしてください。

主 な 参 考 文 献

1. Иванова И. С., Карамышева Л. М., Куприянова Т. Ф., Мирошникова М. Г., Синтаксис. Практическое пособие по русскому языку как иностранному, М., 2009.
2. Крючкова Л. С., Русский язык как иностранный. Синтаксис простого и сложного предложения, М., 2004.
3. Борунова С. Н., Воронцова В. Л., Орфоэпический словарь русского языка, М., 1983.
4. Ваулина Е. Ю., Гайкович Т. И. и др. Толковый словарь русского языка конца XX века. Языковые изменения. Под. ред. Г. Н. Скляревской, СПб., 1998.
5. Ожегов С. И., Словарь русского языка, М., 1972.
6. Сазонова И. К., Толково-грамматический словарь русского языка: глагол и его причастные формы: 2500 глаголов, 7500 причастий, М., 2002.

Часть 1

(1) да́же + 単語
～さえ、～すら、～でも

解説・用法

"да́же" は強調する単語の前に置く。

■ да́же + 単語

[例] Жизнь без со́тового☆ и компью́тера... Я не могу́ себе́ э́того да́же предста́вить.
[訳] 携帯とパソコンのない生活…そんなの想像すらできない。

[例] Я да́же свой но́мер моби́льника не по́мню наизу́сть.
[訳] ぼくは自分の携帯番号さえ覚えていない。

[例] Совреме́нные же́нщины не хотя́т сиде́ть до́ма да́же по́сле заму́жества.
[訳] 最近の女性は結婚した後でも主婦になりたがらない。

例文

A : Э́ти студе́нты всегда́ сидя́т в аудито́рии на пе́рвой па́рте и акти́вно уча́ствуют в заня́тиях по ру́сской разгово́рной ре́чи. Да́же во вре́мя переры́ва они́ разгова́ривают друг с дру́гом по-ру́сски.
B : Молодцы́. А ты?
A : Я? Я сижу́ на после́дней па́рте и ли́бо сплю, ли́бо занима́юсь свои́ми дела́ми.
B : Я так и ду́мала. Ну, хотя́ бы слу́шай ле́кции.

A : あの学生たちはいつも教室の１列目に座って、ロシア語会話の授業に積極的に参加しているんだ。休み時間でさえお互いロシア語で話してるんだよ。
B : えらいね。きみは？
A : ぼく？ 一番後ろの席に座って、寝るか、内職してるかだよ。
B : だと思った。講義くらい聞きなよ。

А : Где ты проходи́л педагоги́ческую пра́ктику?
В : В шко́ле, где сам когда́-то учи́лся.
А : Тебя́ не раздража́ли шко́льники? Они́ постоя́нно шумя́т, валя́ют дурака́ и совсе́м не слу́шают учителе́й.
В : Нет. В их прису́тствии я да́же почу́вствовал себя́ на пять лет моло́же.

А : きみはどこで教育実習したの？
В : むかし通ってた学校だよ。
А : 生徒にいらいらしなかった？　いつもうるさいし、ふざけてるし、まったく先生の言うことを聞かないよね。
В : いや。彼らといると５歳若返った気さえしたよ。

А : Практи́чески все пе́сни мо́жно скача́ть беспла́тно из Интерне́та.
В : Да, да́же нови́нки. Но, е́сли ты фана́т како́го-то певца́, ты до́лжен покупа́ть его́ ди́ски.
А : Коне́чно. Я вообще́ никогда́ ничего́ не ска́чивал из Интерне́та. Потому́ что э́то противозако́нно, и ка́чество зву́ка ни́зкое.

А : ほとんどすべての曲がインターネットから無料でおとせるよね。
В : うん。新曲ですらね。でも、ある歌手のファンなら、CDは買うべきだよ。
А : もちろん。ぼくはインターネットでおとしたことなんて一度だってないんだ。法律違反だし、音質が悪いからね。

А : Не ходи́ в моро́з без ша́пки.
В : Да не так уж и хо́лодно, что́бы её носи́ть.
А : Нет, э́то опа́сно! Ты да́же мо́жешь умере́ть! И застегни́ пу́говицы на пальто́, ина́че ты просту́дишься.

А : 帽子なしで寒い中を歩いちゃだめだよ。
В : 帽子をかぶるほど寒くないでしょ。
А : いや、危ないよ。死ぬことすらあるんだから。それとコートのボタンを閉めなよ。でないと風邪ひくぞ。

(2) (но) зато… / (でも) そのかわり

解説・用法

接続詞として使う。"но" を伴い、"но зато" という形にもできる。"зато" の後には肯定的な内容がくることがほとんど。

■ (но) зато…

[例] Японские товары дорогие, зато качественные.
[訳] 日本製の物は高い。そのかわり質がいい。

[例] Я не подрабатываю, так что денег у меня мало. Но зато много времени.
[訳] ぼくはアルバイトしてないから、お金はあまり持っていない。でもそのかわり時間はたくさんある。

[例] Японцам очень сложно выучить русский язык, зато как будет замечательно, если тебе это удастся.
[訳] 日本人には、ロシア語をマスターするのはとても難しい。そのかわり、それができたらなんてすばらしいだろう。

例文

A: Извини, что я не мог взять трубку. Я был занят.
B: А-а, понятно. Ну, как дела на работе?
A: Если честно, то тяжело. Постоянно что-то надо делать. Даже некогда отдохнуть. Зато время летит очень быстро.
B: Это хорошо. А моя работа очень скучная, и из-за этого время тянется медленно.

A: 電話に出れなくてごめん。忙しかったんだ。
B: ああ、そうか。どう、仕事は？
A: 正直なところ、つらいね。常に何かしてなきゃいけなくて、休む暇もないよ。そのかわり、時間はあっという間に過ぎるね。
B: それはいいな。ぼくの仕事はすごく退屈でさ、そのせいで時間はゆっくり流れていくよ。

A : Ты когда́-нибудь жил в семье́ во вре́мя стажиро́вки за грани́цей?
B : Да, в Москве́, оди́н ме́сяц. А что?
A : Как ты ду́маешь, где лу́чше жить, в семье́ или в общежи́тии?
B : Хм, тру́дно сказа́ть. Когда́ ты живёшь в семье́, бы́стро нака́пливается уста́лость, и тебе́ хо́чется домо́й. Зато́ ты мо́жешь мно́го обща́ться по-ру́сски.

A : きみは留学中にホームステイしたことある？
B : うん、モスクワに１ヶ月。どうして？
A : どう思う、ホームステイと寮、どっちがいいかな？
B : うーん、難しいな。ホームステイだとすぐに疲れが溜まって、家に帰りたくなる。そのかわり、たくさんロシア語を話していられるね。

A : Опя́ть, как назло́, дождь! А я хоте́л сего́дня пойти́ погуля́ть…
B : Но зато́ появи́лось вре́мя сде́лать дома́шнее зада́ние.
A : Нет, мне надое́ло сиде́ть до́ма. Все э́ти четы́ре дня дождь льёт, не перестава́я. Хочу́ пойти́ куда́-нибудь разве́яться.

A : また嫌がらせのような雨だ。今日は散歩に行きたかったな。
B : でもそのかわり、宿題をする時間ができたじゃない。
A : いや、もう家にいるのにはうんざり。この４日間、ずっと雨が降ってる。気分転換にどこかへ行きたいよ。

A : У касс метро́ всегда́ больши́е о́череди! Мне надое́ло ка́ждый раз стоя́ть за биле́том.
B : Мо́жет, тебе́ лу́чше купи́ть проездно́й биле́т? Э́то удо́бнее.
A : Но я ре́дко е́зжу на метро́. Мне э́то бу́дет невы́годно.
B : Зато́ не на́до бу́дет стоя́ть в очередя́х.

A : 地下鉄の切符売り場にはいつも長い列ができてる。毎回、切符のために並ぶのにうんざりだね。
B : 定期券を買った方がいいんじゃない？その方が便利だよ。
A : でも、あまり地下鉄を使うわけじゃないからさ。損をしてしまうな。
B : そのかわり、列に並ばなくてすむよ。

（3）　только…
　　　ただ、ただし

解説・用法

前の文や文章の内容に対し、ある条件を付すときに使用する。この"только"は助詞ではなく、接続詞として用いられる。

■ только…

[例] Я открою тебе свой секрет, только никому не рассказывай.
[訳] 私の秘密を話すよ。ただ、誰にも言わないでね。

[例] Я могу сегодня с тобой встретиться, но только вечером.
[訳] 今日は会えるよ。ただ、夜だけれど。

[例] В библиотеке есть нужные книги для моей дипломной работы, только их не выдают на дом. Поэтому мне нужно будет их копировать.
[訳] 図書館に私の卒業論文に必要な本がある。ただし、貸し出しはしてないんだ。だからコピーをしなきゃいけない。

[例] Я живу в спальном районе. Там очень тихо, и рядом есть круглосуточный магазин. Только до университета приходится ехать с двумя пересадками.
[訳] ぼくはベッドタウンに住んでいる。すごく静かで近くに24時間営業の店もある。ただ、大学まで2回乗換えなきゃいけない。

例文

[по телефону: 電話で]
A : Сегодня в России государственный праздник, и скоро по всему городу будут давать салют.
B : Давай посмотрим вместе. Можно я к тебе приду?
A : Конечно, можно, только из моего окна ничего не видно. Давай лучше пойдём на Центральную площадь.
B : Хорошо, я сейчас быстро соберусь и зайду за тобой.
A : Только поторопись! У нас мало времени!

A：今日、ロシアは国の祭日で、もうすぐ街中で花火が上がるんだ。
B：一緒に見ようよ。きみの所へ行っていい？
A：もちろん。ただうちの窓からは何も見えない。中央広場に行こうよ。
B：わかった。今から急いで準備して寄るね。
A：ただ、急いでね。もう時間があまりないから。

A: Приходи́ ко мне в го́сти☆.
B: Я бы с удово́льствием, но я же был у тебя́ в гостя́х на про́шлой неде́ле. Ка́к-то неудо́бно…
A: Да всё норма́льно, приходи́. Без пробле́м.
B: Мм…хорошо́. Я зайду́ к тебе́ где́-то че́рез час. То́лько ничего́ там не затева́й!

A：うちへ遊びにおいでよ。
B：いいとも。でも、先週もお邪魔したからな。なんだか気まずいよ。
A：全然大丈夫だから、おいでって。問題ないよ。
B：うーん、わかった。1時間後くらいに行くね。ただ、何も気を使わないでよ。

CD3

A: Когда́ ты пое́дешь в Петербу́рг?
B: Ро́вно че́рез неде́лю. Не могу́ дожда́ться, когда́ уви́жу Пи́тер. Говоря́т, э́то настоя́щий музе́й под откры́тым не́бом.
A: Да, Петербу́рг – са́мый краси́вый го́род в Росси́и. То́лько он не подхо́дит для изуче́ния ру́сского языка́. Потому́ что в нём сосредото́чены теа́тры, музе́и и ра́зные достопримеча́тельности.
B: Ду́маешь, они́ отвлека́ют от учёбы? Ты не прав. Наприме́р, смотре́ть спекта́кль то́же поле́зно для языка́.

A：いつペテルブルクへ行くの？
B：ちょうど1週間後だよ。ペテルを見られる日が待ち遠しいわ。街自体が生きた美術館って言われてるからね。
A：うん、ロシアで一番美しい街だ。ただ、ロシア語の勉強には向いていない。劇場、美術館、それに観光名所とかがたくさんあるからね。
B：それが勉強の邪魔になると思ってるの？ 違うよ。たとえば、演劇を見るのも語学のためになるさ。

(4) да́же е́сли… / (たとえ)〜としても、

解説・用法

条件を強調し、譲歩を表す。接続詞 е́сли に助詞の да́же が付加されている。

■ да́же е́сли…

[例] Ты что́-то от меня́ скрыва́ешь? Скажи́ пра́вду, да́же е́сли она́ го́рькая. Ведь го́рькая пра́вда лу́чше, чем сла́дкая ложь.
[訳] 私に何か隠してる？ 聞きたくないことだとしても、本当のこと言ってよ。気持ちのいい嘘より苦い真実の方がましなんだから。

[例] Да́же е́сли у тебя́ есть электро́нный слова́рь, смотри́ слова́ в обы́чном словаре́, так как в нём бо́льше приме́ров.
[訳] 電子辞書を持っていても、単語は普通の辞書で調べなよ。例文が多いからね。

[例] Я для себя́ реши́л чита́ть газе́ты на ру́сском языке́. Так что бу́ду стара́ться, да́же е́сли не хо́чется.
[訳] 自分のためにロシア語の新聞を読むと決めたんだ。だから、嫌でも頑張ろう。

例文

A : Ты стал лу́чше говори́ть по-япо́нски.
B : Да нет. Ты всегда́ меня́ хва́лишь, да́же е́сли я говорю́ пло́хо. Коне́чно, мне э́то прия́тно, но иногда́ твоя́ похвала́ звучи́т, как иро́ния.
A : Нет, э́то совсе́м не иро́ния. Ты действи́тельно отли́чно говори́шь.
B : Э́то ты меня́ так подба́дриваешь, да?

A : 日本語を話すのが上手になったね。
B : いやいや。下手でもぼくをいつも褒めてくれるね。もちろん気分いいけど、ときどき、褒め言葉が皮肉に聞こえたりするよ。
A : 違うよ、全然皮肉じゃない。本当にすごく上手じゃないか。
B : そうやってぼくを元気づけてくれてるんでしょ？

A : Наш веду́щий семина́ра реша́ет всё сам, не принима́я во внима́ние мне́ние други́х.
B : Ну да, он де́лает всё по-сво́ему, да́же е́сли мы не согла́сны.

A : うちのゼミのリーダーは他人の意見を考慮しないで自分で何でも決めてしまう。
B : まあね、たとえぼくらが賛成していなくても、自分流に何でもやるね。

A : Ой, меня́ начало́ тошни́ть. Похо́же, меня́ укача́ло.
B : Ты не вы́пила лека́рство от ука́чивания?
A : Нет, оно́ мне не помога́ет, да́же е́сли я пью его́ зара́нее. Зна́ешь, меня́ ука́чивает в любо́м тра́нспорте.
B : А меня́ нигде́ не ука́чивает.
A : Я тебе́ зави́дую. А меня́ да́же в по́езде так си́льно ука́чивает, что я не могу́ чита́ть.

A : ああ、吐き気がしてきた。酔ったみたい。
B : 酔い止め飲まなかったの？
A : 飲んでない。あらかじめ酔い止めを飲んでも、効かないんだ。私ね、どんな乗り物にも酔うの。
B : ぼくは何にも酔わないな。
A : 羨ましい。私は電車でも読書ができないくらい酔うのよ。

A : Серге́й в о́бщем хоро́ший челове́к. Но он не уме́ет признава́ть свои́ оши́бки.
B : Да, и э́то меня́ раздража́ет. Да́же е́сли он винова́т, он всё равно́ ни в ко́ем слу́чае не признаёт э́то.
A : То́чно. Потому́ что он сли́шком самолюби́в.

A : セルゲイは基本的にいい人だけど、自分のミスを認めることができないんだ。
B : うん、ぼくはそれにイライラさせられるよ。たとえ自分が悪くても、とにかく絶対に認めないもの。
A : その通り。彼はプライドが高すぎるからね。

(5) тогда…
そうしたら、それなら

解説・用法

この "**тогда**" は、前の文や文章の内容を受け、「そうしたら~」と続けるときに用いられる。

■ тогда…

[例] Ты не пойдёшь на вечеринку к Коле, да? Тогда я тоже не пойду.
[訳] コーリャのうちのパーティーに行かないんだよね？ それならぼくも行かない。

[例] А : Собирайся быстрее. Я уже готова.
　　　В : Тогда иди вперёд, а я через пять минут тебя догоню.
[訳] А：急いで支度して。私はもう準備できてるよ。
　　　В：そしたら先に行ってて。5分後に追いつくから。

[例] А : У Ивана есть всё: красивая девушка, деньги и хорошая работа.
　　　В : Тогда ему больше нечего желать!
[訳] А：美人の彼女、お金、そしていい仕事、イワンは全て持っている。
　　　В：それじゃもう望むものはないね。

例文

А : Я через месяц перееду в новую квартиру. И мне будет неудобно подрабатывать в этом кафе.
В : Ну, тогда смени работу.
А : Это не так уж и просто сделать – я многим обязан моему начальнику. Он очень много для меня сделал.
В : Тратить по два часа на дорогу – это глупо.

А：1ヶ月後、新しいアパートに引っ越すんだけど、あのカフェでアルバイトするのが不便になる。
В：それじゃ仕事をかえなよ。
А：それがそんなに簡単にできなくてさ。上司には恩があるんだ。かなりいろいろしてくれたからさ。
В：通うのに2時間もかかるなんて馬鹿らしいよ。

A : Я написа́л заме́тку в бло́ге, но, как обы́чно, никто́ на неё не оста́вил никаки́х коммента́риев.
B : Тогда́ заче́м ты пи́шешь?
A : Так сказа́ть, для со́бственного удово́льствия. Кста́ти, ты то́же зарегистри́рован в социа́льной сети́. А заме́тки не пи́шешь?
B : Нет, вообще́ не пишу́. Я про́сто зарегистри́ровался с друзья́ми за компа́нию.

A：ブログに日記を書いたけど、相変わらず誰もなんのコメントもしてくれなかった。
B：じゃあなんで書いてるの？
A：まあ、いわゆる、自己満足のためだね。そういえば、きみもソーシャルネットワーキングサイトに登録してるよね。日記は書かないの？
B：いや、全然書いてないよ。友達とのつき合いで登録しただけなんだ。

A : Мы с тобо́й так давно́ не ви́делись! Дава́й встре́тимся.
B : Дава́й. То́лько я освобожу́сь о́коло пяти́ часо́в.
A : Тогда́ дава́й встре́тимся в шесть. Где тебе́ удо́бно?
B : Мне всё равно́, где. Ме́сто встре́чи назна́чь ты.

A：きみとはもうずいぶん会ってないね。会おうよ。
B：いいよ。ただぼくが暇になるのは5時くらいだけど。
A：そしたら6時に会おう。どこが都合いい？
B：ぼくはどこでもいいよ。会う場所はきみが決めて。

A : Ми́ша, пойдём в кафе́ по́сле заня́тий.
B : Извини́, я не могу́. Сего́дня у меня́ бы́ло три экза́мена, и я всю ночь занима́лся. О́чень уста́л.
A : Тогда́ тебе́ лу́чше пойти́ домо́й и отдохну́ть.

A：ミーシャ、授業が終わったらカフェに行こうよ。
B：ごめん、無理だ。今日、テストが3つあって、一晩中勉強してたんだ。すごく疲れたよ。
A：それなら家に帰って休んだほうがいいね。

(6) ① (у *кого*) получа́ться-получи́ться + 動詞
② (主語) получа́ться-получи́ться
うまくいく、(うまく)〜できる

解説・用法

何かがうまくいく・できることを表す。①は、動詞の不定形を伴う。②は、「(主語が) うまくいく」という使い方をする。主語なしでも「(何かが) うまくいく」という意味を表せる。①②ともに、動作主体を表したい場合は "у *кого*" を付す。

① (у *кого*) получа́ться-получи́ться + 動詞

[例] У Са́ши наконе́ц-то получи́лось бро́сить кури́ть.
[訳] サーシャはやっとタバコをやめられた。

[例] Пока́ не зна́ю, полу́чится ли за́втра встре́титься с тобо́й. Мо́жет, перенести́☆ встре́чу на друго́й день?
[訳] 明日、きみに会えるかまだわからない。会うの他の日にする？

[例] Ра́зница во вре́мени ме́жду То́кио и Москво́й – шесть часо́в, и у нас с А́ней ре́дко получа́ется поговори́ть по телефо́ну.
[訳] 東京とモスクワの時差は 6 時間あるから、アーニャとめったに電話で話せない。

② (у *кого*) (主語*) получа́ться-получи́ться

*肯定文では "всё"、否定文では "ничего́" を伴うことが多い。

[例] Не беспоко́йся. У тебя́ всё полу́чится!
[訳] 心配しないで。全部うまくいくさ。

[例] Сего́дня у меня́ ничего́ не получи́лось.
[訳] 今日はうまくいかなかったな。

[例] Я стара́юсь изо всех сил, но не получа́ется.
[訳] 全力で頑張ってるんだけど、だめだ。

[例] Ду́маю, что в сле́дующий раз полу́чится.
[訳] 次はうまくいくと思う。

> [例] У меня не получи́лось сочине́ние, и к за́втрашнему дню мне на́до его́ переде́лать.
> [訳] 作文がだめで、明日までにやり直す必要がある。

例文

A：Éсли полу́чится, э́тим ле́том я пое́ду в Москву́.
B：На ско́лько?
A：На оди́н ме́сяц. Ле́том в МГУ организу́ют ку́рсы ру́сского языка́ для иностра́нцев, и я хочу́ пое́хать туда́ позанима́ться.

A：できたら今年の夏にモスクワへ行くよ。
B：どのくらいの期間？
A：1ヶ月。夏、モスクワ大学で外国人向けのロシア語講座が開講されているから、勉強しに行きたいんだ。

A：Почему́ ты звони́шь с со́тового? Дава́й обща́ться по Ска́йпу.
B：Зна́ешь, сейча́с у меня́ пробле́ма с компью́тером. Почему́-то не получа́ется подключи́ться к Интерне́ту.
A：Что случи́лось?
B：Сам не зна́ю. На́до показа́ть компью́тер специали́сту.

A：なんで携帯から電話してるの？ スカイプで話そうよ。
B：今、パソコン具合悪くて。なぜかインターネットにつながらない。
A：何があったの？
B：自分でもわからないんだ。パソコンを専門家に見せなきゃ。

A：С моего́ со́тового мо́жно звони́ть в Япо́нию, но э́то о́чень до́рого.
B：Мо́жет, тебе́ купи́ть междунаро́дную телефо́нную ка́рточку? Хотя́ нет, я бы посове́товал тебе́ звони́ть по Ска́йпу.
A：Я зна́ю, но по Ска́йпу не всегда́ получа́ется, так как в общежи́тии плоха́я связь.

A：私の携帯からは日本に電話をかけられるんだけど、すごく高いんだ。
B：国際電話カードを買ったら？ いや、スカイプで電話することを勧めたいところだね。
A：わかってるよ。でもスカイプはいつもうまくいくとは限らないんだ。寮のインターネットは接続が悪くてさ。

(7) ① **такóй** + 形容詞…, что…
② **так** + 副詞…, что…
～ほど…、～くらい…

解説・用法

　形容詞か副詞* を伴い、状態や動作の程度を表す。形容詞を伴う場合は①、副詞なら②。
*"мнóго" "мáло" などの数量代名詞も含む。

① такóй + 形容詞…, что…

[例] Она́ така́я краси́вая, что все прохо́жие обора́чиваются ей вслед.
[訳] 通行人がみんな振り返るほど、彼女は美しい。

[例] Он тако́й серьёзный студе́нт, что никогда́ не прогу́ливает заня́тий.
[訳] 彼は授業を一度も休まないくらいまじめな学生だ。

[例] Э́тот текст тако́й сло́жный, что мне прихо́дится почти́ ка́ждое сло́во смотре́ть в словаре́.
[訳] このテキストは難しくて、ほとんど全ての単語を辞書で引かなきゃいけないくらいだ。

② так + 副詞…, что…

[例] Мне бы́ло так интере́сно, что я совсе́м забы́ла о вре́мени.
[訳] 時間をすっかり忘れるほど面白かった。

[例] Он е́здил в Москву́ уже́ бо́льше десяти́ раз и поэ́тому так хорошо́ зна́ет её, что мо́жет обходи́ться без ка́рты и путеводи́теля.
[訳] 彼はもう10回以上モスクワに行ったことがあるから、地図やガイドブックがなくても大丈夫なくらいよく知っている。

例文

A : Са́ша так хорошо́ говори́т по-япо́нски, что я да́же забыва́ю, что он ру́сский, когда́ говорю́ с ним по телефо́ну.
B : Да. Когда́ я обща́юсь с ним, то уже́ не подбира́ю слова́.

A：サーシャは、電話で話していると、ロシア人だって忘れるくらい日本語が上手だ。
B：そうだね。ぼくは彼と話している時、もう言葉を選ばないね。

CD 7

A : Ра́ньше я так си́льно мечта́л стать профессиона́льным футболи́стом, что трениров́ался ка́ждый день. Но мечта́ так и не сбыла́сь.
B : Мечта́ – э́то така́я вещь… Чем сильне́е ты хо́чешь чего́-то, тем оно́ от тебя́ да́льше.
A : Но, как говоря́т, мечта́ть не вре́дно.
B : М-да… Но нам уже́ по́здно мечта́ть. Эх, как бы я хоте́л нача́ть жизнь с чи́стого листа́!
A : Эй, не говори́ глу́постей! Мечта́ть никогда́ не по́здно!

A：昔、毎日練習するくらい、プロのサッカー選手にすごくなりたかったんだけど、結局、夢は叶わなかったな。
B：夢ってそういうものだよ。望めば望むほど、自分から離れていく。
A：でも、夢を見るのは悪くないって言うよ。
B：まあね。でも、ぼくらは、夢を見るにはもう遅い。ああ、人生白紙からスタートしたいなあ。
A：おい、馬鹿言うなよ。夢を見るのに遅いことなんてないさ。

CD 7

A : Э́тот компью́тер тако́й дорого́й, что мне не хва́тит и трёх ме́сячных зарпла́т, что́бы купи́ть его́. А он мне так нра́вится…
B : Ну, тогда́ купи́ его́ в креди́т на́ год или на́ два.
A : Ага́, я бы с удово́льствием. Но мне не даю́т креди́т и не объясня́ют почему́.
B : Скоре́е всего́, э́то из-за того́, что ты иностра́нец…

A：このパソコンは高いな。買うのに給料３ヶ月分でも足りないくらいだ。でも、すごく気に入ってるんだよね…。
B：だったら、１年か２年ローンで買いなよ。
A：うん、そうしたいんだけどね、ぼくはローン組めないんだ。理由は説明してくれないし。
B：おそらくそれは、きみが外国人だからだね…。

29

(8) не то́лько A..., но и B...
Aだけでなく、Bも～

解説・用法

AとBの位置には、文の構造的に同じ要素がくる。

■ не то́лько A..., но и B...

[例] Он не то́лько вокали́ст, но и гитари́ст.
[訳] 彼はボーカリストであるだけでなく、ギタリストでもある。

[例] Я слаб не то́лько в ру́сском языке́, но и в англи́йском. Мне вообще́ с трудо́м даю́тся иностра́нные языки́.
[訳] ぼくはロシア語だけでなく、英語も苦手。外国語はまったく得意じゃないんです。

例文

CD 8

A: Я о́чень люблю́ путеше́ствовать.
B: Кто же не лю́бит путеше́ствовать! Я уже́ объе́здил стран де́сять.
A: Здо́рово! Где же тебе́ бо́льше всего́ понра́вилось?
B: Ммм, наве́рное, в И́ндии. Путеше́ствие по э́той стране́ не то́лько расширя́ет кругозо́р, но и заставля́ет заду́маться о жи́зни.

A: ぼくは旅行が大好きだ。
B: 旅行が嫌いな人なんていないよ。ぼくはもう10ヶ国くらい行ったね。
A: すごいな。どこが一番気に入った？
B: うーん、たぶんインドかな。インド旅行は視野を広げてくれるだけじゃなくて、人生について考えさせてくれるよ。

A: Прочита́й э́тот расска́з. Ду́маю, он тро́нет тебя́ до слёз.
B: Не хочу́. Ведь э́то, наверняка́, о́чень гру́стный расска́з.
A: Он не то́лько гру́стный, но и интере́сный.

A：この短編読んでみなよ。きみ、泣くほど感動すると思う。
B：いやだよ。きっとこれってすごく悲しい話でしょ。
A：悲しいだけじゃなくて、面白いよ。

А : Как твоя́ но́вая рабо́та?
В : Бро́сил. Хотя́ не прошло́ ещё и неде́ли, как я на неё устро́ился. Да́же сты́дно.
А : Почему́ тебе́ должно́ быть сты́дно? По-мо́ему, ты при́нял пра́вильное реше́ние. Ты же сам говори́л, что э́та рабо́та не то́лько тяжёлая, но и ску́чная.
В : Спаси́бо, что понима́ешь меня́. От тако́й однообра́зной рабо́ты мо́жно про́сто сойти́ с ума́.

A：新しい仕事はどう？
B：やめた。就職して一週間も経たなかったけど。恥ずかしいくらいさ。
A：何を恥ずかしがることがあるの？　正しい選択をしたと思うよ。きみの仕事はきついだけじゃなくて、退屈だって自分で言ってたじゃない。
B：わかってくれてありがとうね。あんな単調な仕事をしてると本当に気が狂いそうになる。

А : Она́ прекра́сно игра́ет не то́лько на пиани́но, но и на скри́пке. Я бы то́же хоте́л име́ть музыка́льное образова́ние.
В : Не зави́дуй. Я вот, наприме́р, да́же но́ты чита́ть не уме́ю. И что с того́? Я преуспева́ю в жи́зни и без му́зыки.
А : А ты не ду́маешь, что му́зыка обогаща́ет на́шу жизнь?
В : Для меня́ му́зыка ничего́ не зна́чит. Лу́чше уме́ть хорошо́ игра́ть на би́рже, чем на фле́йте.

A：彼女はピアノだけじゃなく、バイオリンも上手に弾くんだ。ぼくも音楽教育を受けたかったなあ。
B：羨ましがらないの。ぼくなんかさ、たとえば音符も読めないけど、それが何なのさ。音楽なしでも人生うまくいってるよ。
A：音楽は人生を豊かにしてくれると思わない？
B：ぼくにとって音楽は何の意味もないことさ。フルートより取引がうまくできるほうがいいじゃないか。

(9) хоте́ть, что́бы… / хоте́ться, что́бы… ～してほしい、～であってほしい

解説・用法

他人に何かをしてもらいたい、ある動作や状態の変化に期待する気持ちや要求を伝える。"что́бы"が伴う従属文の動詞は過去形。"хоте́ться, что́бы"は"хоте́ть, что́бы"とニュアンスが違い、願望や要求の実現の度合いが弱い時か、より婉曲的な表現に用いられる。

■ хоте́ть, что́бы… / хоте́ться, что́бы…

[例] Я хочу́, что́бы ты то́же прочита́ла э́ту кни́гу.
[訳] きみにもこの本を読んでほしい。

[例] Мои́ роди́тели не хоте́ли, что́бы я поступа́л на ка́федру ру́сского языка́.
[訳] 両親はぼくにロシア語学科へ入ってほしくなかった。

[例] Всем хо́чется, что́бы кани́кулы продолжа́лись подо́льше.
[訳] 休みがもっと長く続いてほしいなあと皆思っている。

[例] Мне хо́чется, что́бы все студе́нты купи́ли э́то посо́бие.
[訳] 学生全員にこの参考書を買ってほしいのですが。

例文

A : Пожа́луй, А́не не хо́чется, что́бы мы с тобо́й дружи́ли.
B : Я зна́ю. Э́то потому́ что я тебя́ учу́ плохи́м слова́м, да?
A : Да. Из-за тебя́ они́ ста́ли срыва́ться у меня́ с языка́.
B : Пусть немно́го стра́нно то, что э́то говорю́ я, но злоупотребля́ть таки́ми слова́ми нельзя́. Хотя́ знать их не помеша́ет.

A : どうもアーニャは、俺たちに仲良くしてほしくないみたいだなあ。
B : そうなんだよ。俺がお前に悪い言葉を教えるからでしょ？
A : そう、お前のせいで悪い言葉が口から出るようになった。
B : 俺が言うのも変だけど、そういう言葉は使いすぎちゃだめだ。知ってても邪魔にならないけどね。

A : Что тебя так раздражает в Ире?
B : Мне не нравится то, что она мной командует и что у меня мало личного времени.
A : А я её понимаю, потому что ты всегда предпочитаешь ей друзей. Она хочет, чтобы ты уделял ей больше времени.

A：イーラのどこにそんなにイラついているの？
B：彼女に指図されて、自分の時間がなかなかもてないのが嫌なんだ。
A：私は彼女の気持ちわかるな。きみはいつも彼女より友達を優先しているからね。彼女にもっと時間を割いてほしいんだよ。

A : Тебе никогда не хотелось, чтобы работа была напрямую связана с твоей специальностью?
B : Конечно. Но только до того, как я приступил к поискам работы. Как только я начал искать работу, мне уже стало всё равно, кем работать. Теперь мне хочется, чтобы меня хоть куда-нибудь взяли.

A：仕事が自分の専攻分野と直接関係してたらいいと思ったことない？
B：もちろん、ただし仕事探しを始めるまでだね。探し始めたらすぐにどんな仕事をするかはもうどうでもよくなったな。今はどこでもいいから採ってもらいたいよ。

A : Россия у японцев непременно ассоциируется с холодом.
B : Да, что верно, то верно. Зимой в России невероятно холодно. Нередко температура опускается ниже минус двадцати градусов.
A : Какой ужас… Наверное, зимой все хотят, чтобы скорее пришла весна.

A：ロシアと聞くと日本人は必ず寒さを連想する。
B：うん、それはそうだね。冬は信じられないくらい寒いよ。マイナス20度以下になることも珍しくないから。
A：恐ろしいな…。冬はみんな早く春になってほしいと思ってるんだろうね。

(10) всё равно
どのみち、どうせ、いずれにしても

解説・用法

前の文や文章の内容に対し、「どのみち、どうせ」と続ける時に使う。

■ всё равно

[例] Я не хочу́ пить, но я всё равно́ пойду́ на вечери́нку.
[訳] お酒は飲みたくないけど、どのみち飲み会には行くよ。

[例] Мо́жно не спеши́ть. Мы всё равно́ не успе́ем.
[訳] 急がなくていいよ。どうせ間に合わないからさ。

[例] Профе́ссор Ивано́в тяжело́ заболе́л, и его́ положи́ли в больни́цу на опера́цию. Но заня́тия всё равно́ бу́дут продолжа́ться. Про́сто вре́менно их бу́дет вести́ друго́й преподава́тель.
[訳] イワノフ教授は重病にかかって、手術のために入院した。いずれにしても授業は続くよ。他の先生が一時的にやるからね。

例文

CD 10

A : Ты поборо́л своё плохо́е настрое́ние?
B : Нет ещё. По-пре́жнему ничего́ не хо́чется де́лать.
A : Пойдём вме́сте в кино́! Хоро́ший фильм – лу́чший спо́соб отвле́чься от свои́х пробле́м. Си́дя до́ма, ты не смо́жешь подня́ть себе́ настрое́ние!
B : Да́же е́сли я схожу́ в кино́, всё равно́ настрое́ние у меня́ не улу́чшится. Спаси́бо, коне́чно, что ты меня́ приглаша́ешь, но дава́й схо́дим ка́к-нибудь в друго́й раз.

A : もう機嫌なおった？
B : いや、まだ。相変わらず何もしたくない。
A : 一緒に映画見に行こうよ。いい映画はいろいろな問題を忘れられる最高の方法。家にいても元気なんかでないよ。
B : 映画を見に行っても、どうせ気分は良くはならない。誘ってくれるのはもちろんうれしいよ。でも今度にしよう。

A : Нельзя́ гуля́ть по у́лицам но́чью. Э́то о́чень опа́сно.
B : Не волну́йся. Мы с друзья́ми хо́дим всей компа́нией, поэ́тому никто́ к нам не приста́нет.
A : Хм, всё равно́ лу́чше не выходи́ть на у́лицу в по́зднее вре́мя.

A : 夜中は外を散歩しちゃだめだ。すごく危ないよ。
B : 心配しないで。友達と固まって散歩してるから誰にもからまれないよ。
A : うーん、いずれにしても遅い時間に外へ出ない方がいい。

A : Я о́чень бою́сь соба́к.
B : Попро́буй погла́дить мою́ соба́ку. Она́ вообще́ не ла́ет и не куса́ется.
A : Нет, я всё равно́ бою́сь!
B : Ну что ты как ма́ленькая! Смотри́, она́ виля́ет хвосто́м. Зна́чит, ты ей понра́вилась!

A : 私は犬がとても怖いの。
B : ぼくの犬を撫でてみなよ。全然吠えないし、噛まないから。
A : いや、とにかく怖いの。
B : なに子どもみたいに！ 見てごらん、尻尾を振ってるでしょ。気に入られたってことさ！

A : Я наконе́ц-то прочита́л «Войну́ и мир» на ру́сском языке́.
B : Како́й ты молоде́ц!
A : Че́стно говоря́, мне бы́ло о́чень тру́дно! Там бы́ло сто́лько незнако́мых слов! Я ещё совсе́м не могу́ чита́ть без словаря́.
B : Всё равно́ ты молоде́ц! Я да́же не про́бовал.

A : やっと『戦争と平和』をロシア語で読み終わった。
B : すごいじゃん！
A : 実を言うと、とても難しかったよ。知らない単語ばっかりだったね。まだ辞書なしじゃ全然読めないな。
B : いずれにしてもきみはすごい！ ぼくはやろうと思ったこともない。

(11)
① **благодаря́** *кому́-чему́*
② **благодаря́ тому́, что…**
～(の)おかげで

解説・用法

①は与格を伴う。②は後ろに文がくる場合。

① благодаря́ *кому́-чему́*

[例] Ты всегда́ гото́в вы́слушать меня́. Мне ста́ло ле́гче благодаря́ разгово́ру с тобо́й. Спаси́бо.
[訳] きみはいつも話をちゃんと聞いてくれるね。きみと話したおかげで楽になったよ。ありがとう。

[例] Благодаря́ твое́й по́мощи у меня́ всё получи́лось.
[訳] きみが手伝ってくれたおかげで、すべてうまくいった。

② благодаря́ тому́, что…

[例] Благодаря́ тому́, что япо́нское анимэ́ по́льзуется популя́рностью за грани́цей, увели́чивается число́ люде́й, изуча́ющих япо́нский язы́к.
[訳] 日本のアニメが外国で人気を博しているおかげで、日本語学習者の数は増えている。

[例] Я могу́ подде́рживать свой у́ровень ру́сского языка́ и по́сле стажиро́вки благодаря́ тому́, что в Япо́нии у меня́ есть ру́сские друзья́.
[訳] 日本にロシア人の友達がいるおかげで、留学後もロシア語のレベルを維持できている。

例文

A : Что бы́ло са́мым интере́сным на стажиро́вке?
B : Так. Что же бы́ло интере́сного… Уж то́чно не заня́тия. Скоре́е всего́, обще́ние с ру́сскими и с други́ми иностра́нными студе́нтами. Благодаря́ обще́нию с ни́ми, я смог расши́рить свой кругозо́р.

A：留学で何が一番おもしろかった？
B：そうだね、何がおもしろかったかな。授業じゃないのは確かだな。きっと、ロシア人や外国人学生とのつき合いかな。彼らとつき合えたおかげで、ぼくは視野を広げることができたよ。

[A：日本人／B：ロシア人]

A: Благодаря занятиям каллиграфией у Мэгуми красивый почерк.
B: А-а, ясно. Кстати, ты тоже красиво пишешь. Ты, наверное, раньше занималась каллиграфией?
A: Нет, в японской каллиграфии принято писать только правой рукой, а я левша.
B: На самом деле, я тоже. Но в детстве я переучился и стал писать правой рукой.

A：習字をしていたおかげで、恵美の字はきれいだ。
B：ああ、なるほどね。ところで、きみも字がきれいだね。昔、習字をやっていたんでしょ？
A：いや。日本の習字は右手で書くのがきまりなんだ。私は左利きよ。
B：実はぼくもなんだ。でも、子どもの頃右手で書けるようにしたよ。

CD 11

A: Ты довольно быстро говоришь по-русски. Может, привыкла к быстрому темпу речи благодаря тому, что живёшь здесь, во Владивостоке. Местные люди говорят быстро.
B: Это правда, что жители Дальнего Востока говорят быстрее, чем в западной части России?
A: Да. Например, москвичи растягивают «а», из-за чего кажется, что они говорят немного медленно.

A：きみのロシア語はかなり速いね。ここ、ウラジオストックに住んでるおかげでテンポの速い会話に慣れたのかもね。ここの人は話すの速いから。
B：極東に住んでいる人は西側の人より速くしゃべるって本当？
A：そうだよ。たとえば、モスクワの人は"a"を伸ばすんだ。だから、少しゆっくり話している気がするね。

(12) ①чтóбы + 動詞 ②чтóбы…
～するために、～するように

解説・用法

主節と"**чтóбы**"内の主語が同じ場合、伴う動詞は不定形（①）。②は、主節と主語が異なる場合に使用し、動詞は過去形の形をとる

① чтóбы + 動詞

[例] Вы́йди из дóма порáньше, чтóбы не опоздáть на самолёт.
[訳] 飛行機に遅れないように少し早めに家を出てね。

[例] Чтóбы сосредотóчиться на учёбе, я перестáл подрабáтывать.
[訳] 勉強に集中するためにアルバイトをやめた。

② чтóбы…：主節と主語が異なれば動詞は過去形

[例] Сначáла мы с Сáшей общáлись по-рýсски, но потóм перешли́ на япóнский, чтóбы други́е понимáли, о чём идёт речь.
[訳] 最初、サーシャとぼくはロシア語でやりとりをしていたが、何を話してるか他の人がわかるように、日本語に切り替えた。

[例] В послéднее врéмя этот профéссор нáчал отмечáть прису́тствующих, чтóбы студéнты не прогýливали егó заня́тия.
[訳] 最近、この教授は、学生が授業をサボらないように出席をとり始めた。

例文　CD 12

A : Нéчем заня́ться. Мóжно умерéть со скýки.
B : Давáй сейчáс сдéлаем домáшнее задáние, чтóбы зря не трáтить врéмя.
A : Мы же óба прóшлый раз прогуля́ли и не знáем, что бы́ло зáдано.

A : やることがない。退屈で死にそうだ。
B : 時間を無駄にしないように、いま宿題をやってしまおう。
A : 2人とも前回さぼったから、どんな宿題が出たかわからないだろ。

🎧 12

A : Я проголода́лся. Пойдём в столо́вую?
B : Извини́, но я обы́чно не обе́даю, чтобы не тра́тить де́ньги. Во вре́мя ле́тних кани́кул я мно́го потра́тил.
A : Да? Ну, дава́й я тебя́ угощу́. Пойдём.

A：お腹が減った。食堂に行こう。
B：ごめん、お金を使わないように昼飯はふだん食べないんだ。夏休みにお金をたくさん使ってさ。
A：そうなの？だったら、おごるよ。行こう。

[A：ロシア人 / B：日本人]
A : Почему́ в Япо́нии на платфо́рмах метро́ устана́вливают две́ри?
B : Их устана́вливают, чтобы лю́ди не пры́гали с платфо́рмы. То есть для предотвраще́ния самоуби́йств.
A : Ничего́ себе́! И ча́сто япо́нцы пры́гают под по́езд?
B : Да, и ча́сто быва́ет, что из-за э́того поезда́ опа́здывают.

A：なぜ日本の地下鉄のプラットフォームにはドアが設置されているの？
B：人が飛び降りないように設置さているんだ。つまり自殺防止用。
A：驚いた。日本人ってよく電車に飛び込むの？
B：うん。それで電車が遅れることはよくあるね。

A : Чтобы хорошо́ рабо́тала голова́, я занима́юсь ра́но по утра́м.
B : А я, наоборо́т, лу́чше сообража́ю в ночно́е вре́мя.
A : Да? А мне но́чью ничего́ не идёт на ум.

A：頭がよく働くように、朝早く勉強してるんだ。
B：ぼくは逆に夜中のほうが頭働くな。
A：そう？わたし、夜中は何も頭に入ってこないな。

39

(13) по́сле того́, как…
～したあとで

解説・用法

後に文を導く。

■ по́сле того́, как…

[例] Я да́м тебе́ э́ту кни́гу по́сле того́, как прочита́ю её.
[訳] 読み終わったあとで、きみにこの本を貸すよ。

[例] По́сле того́, как она́ меня́ бро́сила, я потеря́л чу́вство вре́мени.
[訳] 彼女に捨てられたあと、ぼくは時間の感覚を失った。

例文

A : Зна́ешь, вчера́ недалеко́ отсю́да был пожа́р.
B : Да? Не знал. А же́ртвы бы́ли?
A : Сла́ва Бо́гу, при пожа́ре никто́ не поги́б. Дом загоре́лся по́сле того́, как вся семья́ ушла́ в суперма́ркет.

A : 昨日、このあたりで火事があったんだよ。
B : そうなの？ 知らなかった。犠牲者は出たの？
A : 幸運にも、誰も火事で死ななかったんだ。家族全員がスーパーに出かけた後、家は燃え始めたからね。

A : Что ты вчера́ де́лал?
B : По́сле того́, как я зако́нчил дома́шнее зада́ние, мы с друзья́ми пошли́ гуля́ть.
A : Почему́ ты меня́ не позва́л? Мне вчера́ не́чего бы́ло де́лать.
B : Потому́ что ты с ни́ми не знако́м. К тому́ же, у всех, кро́ме тебя́, совсе́м други́е интере́сы. Ду́маю, что вы не нашли́ бы о́бщий язы́к.

A：昨日、何してた？
B：宿題を終えたあとに、友達と散歩に行ったね。
A：どうしてぼくを呼ばなかったの。昨日はやることがなかったな。
B：きみは彼らの知り合いじゃないからね。それに興味のあることが君とは全然違うし。話が通じないと思うな。

A：Вчера́ по телеви́зору пока́зывали переда́чу о слепы́х лю́дях.
B：Я то́же смотре́л. А ты ве́ришь в то, что они́ ста́ли лу́чше понима́ть други́х люде́й по́сле того́, как потеря́ли зре́ние?
A：Нет. Предста́вь себе́ таку́ю ситуа́цию: ты с ке́м-то разгова́риваешь с закры́тыми глаза́ми. Тебе́ не ви́дно выраже́ния лица́ собесе́дника. Ты же пло́хо понима́ешь, с каки́м чу́вством он э́то говори́т. Что ты ска́жешь на э́тот счёт?
B：А я, наоборо́т, замеча́л, что слепы́е лю́ди всегда́ гото́вы вы́слушать и по го́лосу мо́гут поня́ть, что у тебя́ на душе́.

A：昨日、テレビで目が見えない人たちの番組を放送していたな。
B：ぼくも見たよ。彼らは失明したあと、他人のことがもっとわかるようになったってきみは信じられる？
A：いや。目を閉じて誰かと話してる状況を想像して。きみには相手の表情が見えない。だからどんな気持ちで話してるかよくわからないでしょ。きみはこれについてどう思う？
B：ぼくは逆で、目が見えない人は常に話を聞く姿勢ができていて、何を心の中で考えているのか、声でわかるんだと気がついたな。

CD 13

A：Я, как пра́вило, ем на за́втрак натто́. Счита́ется, что оно́ поле́зно для здоро́вья.
B：А я ненави́жу натто́. Зна́ешь, по́сле того́, как я им отрави́лся, я его́ на́ дух не переношу́.
A：Ха-ха, тебе́ на́до бы́ло прове́рить его́ срок хране́ния.

A：朝食に納豆を食べることにしてる。健康にいいってことだからね。
B：ぼくは納豆が大嫌いだ。納豆にあたったあと、見たくもなくなったよ。
A：ハハ、賞味期限を調べなきゃいけなかったね。

(14) ①несмотря́ на *что* ②несмотря́ на то, что… 〜にもかかわらず、〜なのに

解説・用法

　ある事象や状況に反する内容を表す。名詞や従属文を伴うことができる。"**на**"は対格を要求する(①)。従属文を導く場合は"**несмотря́ на то, что**"(②)。

① несмотря́ на что

[例] Несмотря́ на просту́ду, он игра́л в футбо́л.
[訳] 風邪にもかかわらず、彼はサッカーをしていた。

[例] Он всегда́ остаётся оптими́стом, несмотря́ на ряд неуда́ч. Я то́же хочу́ быть таки́м.
[訳] 彼はけっこう失敗しているのに、いつも楽天家でいる。ぼくもそうありたい。

② несмотря́ на то, что…

[例] Несмотря́ на то, что за́втра мой день рожде́ния, у меня́ нет осо́бых пла́нов.
[訳] 明日はぼくの誕生日なのに、特に予定はない。

[例] Я соверше́нно не нра́влюсь де́вушкам, несмотря́ на то, что с больши́м трудо́м похуде́л на пять килогра́ммов.
[訳] すごく頑張って5キロ痩せたのに、ぼくはまったく女の子にもてない。

例文

A : У тебя́ появи́лась де́вушка? Я рад за тебя́. А вы уже́ живёте вме́сте, да?
B : Да. И, несмотря́ на то, что я сейча́с не могу́ опла́чивать кварти́ру и расхо́ды на пита́ние, она́ меня́ соде́ржит. Вот така́я хоро́шая де́вушка.
A : Зна́ешь, со стороны́ э́то вы́глядит не́сколько стра́нным.

A：きみに彼女ができたんだね。うれしいよ。もう一緒に住んでるんだよね？
B：うん。それでいま家賃と食費が払えないのに、彼女はぼくを養ってくれてるんだ。そういういい子なんだよ。
A：はたから見たらさ、ちょっとおかしいな。

CD 14

A：Я слы́шал, что в Росси́и ма́ло кто зна́ет англи́йский – э́то пра́вда?
B：Ну, в при́нципе, да. Но в места́х, где мно́го иностра́нцев, наприме́р, в аэропо́ртах, мно́гие им владе́ют.
A：Зна́ешь, у меня́ есть друг, он путеше́ствовал по всей Росси́и, несмотря́ на то, что он совсе́м не зна́ет ни англи́йского, ни ру́сского. Да́же не могу́ себе́ э́то предста́вить.
B：Почему́? Вообще́ мо́жно обойти́сь же́стами.

A：ロシアでは英語がわかる人が少ないって聞いたけど、本当？
B：まあ、基本的にはそうだね。でも、外国人の多い場所、たとえば、空港だと話せる人はたくさんいるよ。
A：ぼくの友達でさ、英語もロシア語も全く知らないのに、ロシア中を旅行したやつがいるんだ。想像もできないよ。
B：どうして？ ジェスチャーを使えば余裕でやっていけるよ。

CD 14

A：У тебя́ ка́шель. Ты простуди́лся?
B：Похо́же, что да. Вчера́, несмотря́ на дождь, всё-таки был футбо́льный матч, а я был запасны́м.
A：И тебя́ так и не вы́пустили игра́ть до са́мого конца́ ма́тча?
B：Да, я пло́хо игра́ю.

A：咳してるね。風邪ひいたの？
B：そうみたい。昨日、雨だっていうのにサッカーの試合があったんだ。ぼくは控えでさ。
A：結局、試合が終わるまで出られなかったの？
B：そうだよ。ぼくはサッカーが下手でさ。

(15) всё-таки
(それでも）やはり、それでも

解説・用法

前の文や文章の内容に対し、「(それでも) やはり、それでも」と続ける。"но"、"и"、"а" を伴うことが多い。

■ всё-таки

[例] Во время стажировки у меня было много бытовых трудностей, но всё-таки это было хорошее время.
[訳] 留学中、生活にたくさん困難があったが、それでもやはり楽しい時期だった。

[例] Этот профессор не отмечает присутствующих, и всё-таки редко кто прогуливает его занятия. Потому что они интересны и полезны.
[訳] あの教授は出席を取らないのに、授業をサボる人は少ない。彼の授業は面白いし、ためになるからだ。

[例] Все плохо отзываются об этом сотруднике. А я всё-таки считаю его очень исполнительным.
[訳] 皆の間であの社員の評判は悪い。それでも彼は非常に仕事がこなせる人だとぼくは考えている。

例 文

A: Мне хочется учиться в Москве, но у меня нет средств на годовую стажировку.
B: Может, тебе лучше учиться не в Москве, а, например, во Владивостоке? Я слышал, обучение там дешевле.
A: Так-то оно так, но всё-таки я бы предпочёл поехать в Москву.

A: モスクワで勉強したいんだけど、1年留学するお金はないんだ。
B: モスクワじゃなくて、例えばウラジオストックに留学した方がいいんじゃない？ あそこの方が学費は安いって聞いたよ。
A: それはそうだけど、やっぱりモスクワの方へ行きたいんだよなあ。

A : Давáй прогуля́ем слéдующую пáру и пойдём в кафé.
B : Пожáлуй, я лýчше посижý на заня́тии. Давáй схóдим тудá пóсле э́той пáры.
A : Нет, давáй прогуля́ем! Зачéм идти́ на заня́тие, éсли преподавáтель всё равнó не отмечáет прису́тствующих?
B : Ты знáешь, всё-таки мне сóвесть не позволя́ет прогу́ливать.

A : 次の時間さぼって、カフェに行こうよ。
B : 私は授業出た方がいいかな。この時限が終わったらカフェに行こう。
A : いや、サボろうよ。どうせ先生は出席を取らないなら、なぜ出るのさ？
B : それでもね、やっぱりサボるのは私の良心が許さないの。

A : Когдá ты пойдёшь в магази́н, купи́ мне шоколáдку.
B : Опя́ть шоколáд? А ведь от шоколáда полнéешь, как на дрожжáх.
A : Я э́то прекрáсно знáю и всё-таки жить не могý без шоколáда.

A : お店に行ったら、チョコレートを買ってきて。
B : またチョコレート？チョコレートはパンパンに太るんだぞ。
A : よくわかってるよ。それでもチョコなしじゃ生きていけない。

A : Кто тебé бóльше нрáвится, собáки или кóшки?
B : Навéрное, всё-таки кóшки. Собáк я тóже люблю́, но с ни́ми нáдо кáждый день гуля́ть. Э́то не для меня́.
A : Да, дáже в дождь прихóдится выводи́ть собáк на прогу́лку. Но всё-таки собáки мне бóльше нрáвятся, потомý что они́ óчень прéданы хозя́ину.

A : 犬と猫、どっちの方が好き？
B : やっぱり猫かな。犬も好きだけど、毎日散歩しなきゃいけないでしょ。ぼくには向いてないな。
A : そうだね、雨でも散歩に連れていかなきゃいけない。でもやっぱり犬の方が好きだな。飼い主に忠実だからね。

(16) как бу́дто… / бу́дто…
(まるで)～のように、～みたいに

解説・用法

語句や文などを伴い、ある物事に近似していることを表す。

■ как бу́дто… / бу́дто…

[例] Э́та ку́кла така́я ми́лая, как бу́дто жива́я.
[訳] この人形はかわいい。まるで生きているみたいだ。

[例] Мари́на свобо́дно ориенти́руется в То́кио, как бу́дто живёт здесь всю жизнь.
[訳] マリーナは東京を把握している。まるで生まれてからずっとここに住んでいるみたいだ。

[例] Почему́ я до́лжен извиня́ться перед ней? Как бу́дто винова́т я.
[訳] なぜぼくが彼女に謝らなければいけないの？ まるで悪いのはぼくみたいだ。

[例] Алексе́й всё расска́зывает так, бу́дто испыта́л э́то на себе́.
[訳] アレクセイは何でも自分で体験したかのように話す。

[例] Я хорошо́ по́мню тот день, бу́дто он был то́лько вчера́.
[訳] あの日をまるで昨日のことのようによく覚えている。

例文

A : Мне так надое́ло, что он всё вре́мя говори́т то́лько о себе́.
B : Я тебя́ понима́ю. Он постоя́нно хва́стается, как бу́дто он како́й-то вели́кий челове́к.
A : Да-да. Не понима́ю, кому́ интере́сно слу́шать его́ хвастовство́.
B : Коне́чно, никому́. Поэ́тому у него́ сейча́с нет друзе́й. Пусть сам себе́ и расска́зывает.

A：彼はいつも自分の話ばかりする。もううんざりだわ。
B：わかる。まるで偉い人か何かみたいにいつも自分の自慢をするんだからね。
A：そうそう。誰が彼の自慢話を聞いておもしろいのかね。
B：もちろん誰も面白くないさ。だから今、彼には友達がいないんだ。一人で言わせておきなよ。

CD 16

A : Извини́, что опозда́л. Я попа́л в про́бку.
B : Я тебя́ ждал це́лый час! Ты никогда́ не приезжа́ешь во́время.
A : Да что ты говори́шь! Как бу́дто ты не опа́здываешь! Это ты всегда́ заставля́ешь меня́ ждать.
B : Нет, посто́й! Коне́чно, я то́же опа́здываю, но ты опа́здываешь гора́здо ча́ще!

A：遅れてごめん。渋滞にはまったんだ。
B：1時間も待ったよ。一度も時間通りに来ないね。
A：何言ってるの？　まるで自分は遅刻しないみたいじゃないか！　きみがいつもぼくを待たせてるんじゃないか。
B：いや、待ってよ。もちろんぼくも遅刻するけど、きみの方がはるかに遅れること多いだろ！

CD 16

A : Привиде́ния существу́ют! Я в э́том уве́рен!
B : Да ну, не мо́жет быть! Ты когда́-нибудь их ви́дел свои́ми глаза́ми?
A : Коне́чно. Одно́ живёт у меня́ до́ма. Я его́ да́же ка́к-то ви́дел.
B : Да ла́дно. Не говори́, бу́дто э́то бы́ло на са́мом де́ле. Тебе́ э́то ли́бо присни́лось, ли́бо ты приду́мываешь.

A：幽霊は存在する。絶対だ。
B：いや、そんなわけないよ。自分の目で見たことがあるの？
A：もちろん。家に一体住んでいるんだ。いつだったかそれを見たんだ。
B：いやいや、まるで本当にあったみたいに話さないでよ。夢でも見たか、自分で考えたんでしょ。

(17)

① перед тем, как + 動詞 / как…
② до того́, как + 動詞 / как…
①～まえ、～まえに（直前に）
②～まえ、～まえに（～までに）

解説・用法

①②は文を導く。主文と文型の後にくる文の主語が同じ場合、動詞の不定形を伴う場合がある。①②は両方とも「～まえに」と訳せるが、主に①は「直前に」、②は「～までに」というニュアンスで使用される。

[例] Я убра́л свою́ ко́мнату перед тем, как пришли́ друзья́.
[訳] 友達が来る前に（来る直前に）部屋を掃除した。
[例] Я убра́л свою́ ко́мнату до того́, как пришли́ друзья́.
[訳] 友達が来る前に（来るまでに）部屋を掃除した。

① перед тем, как + 動詞 / как…

[例] Позвони́ перед тем, как вы́йти из до́ма.
[訳] 家を出る前に電話して。

[例] Я до́лго колеба́лся перед тем, как реши́лся ей позвони́ть.
[訳] 彼女に電話しようと決心する前、ずいぶん躊躇した。

② до того́, как + 動詞 / как…

[例] Лу́чше бы я сам ушёл с рабо́ты до того́, как дире́ктор магази́на меня́ уво́лил.
[訳] 店長に首にされる前に自分から仕事をやめればよかった。

[例] До того́, как поступи́ть в университе́т, я жила́ на Хокка́йдо.
[訳] 私は大学に入る前、北海道に住んでいた。

例文

A: Когда́ Маки уезжа́ет в Япо́нию?
B: Она́ уже́ уе́хала.
A: Да ты что? Серьёзно?
B: Да. Перед тем, как уе́хать, она́ да́же ни с кем не попроща́лась.
A: А ведь мы с ней дружи́ли…

A：麻希はいつ日本に帰るの？
B：彼女、もう帰ったよ。
A：えっ、本当？
B：うん。彼女、帰る前に、さよならを誰にも言わなかったんだ。
A：ぼくたち仲良かったのにね…。

CD 17

A : Какóй у тебя́ в кóмнате поря́док! Э́то больша́я рéдкость. Ведь обы́чно у тебя́ всё разбрóсано.
B : Я бы́стро убра́л кóмнату перед тем, как ты пришла́. Éсли бы ты не пришла́, я бы не дéлал убóрку.
A : Э́то плóхо. Всегда́ поддéрживай в кóмнате поря́док.
B : Хорошó, я постара́юсь.
A : Ты всегда́ так говори́шь и всё равнó не убира́ешься!

A：部屋がきれいじゃない。すごく珍しいことだ。いつもはごちゃごちゃ散らかってるもんね。
B：きみが来る前に急いで掃除したんだ。きみが来なかったら、掃除してないよ。
A：それはよくないね。いつも部屋はきれいにしておきなね。
B：わかった。努力する。
A：いつもそう言うけど、どうせ掃除しないんだよね。

CD 17

A : Что э́то за сви́тер?! Прóсто кошма́р!
B : Мне егó посовéтовала купи́ть моя́ дéвушка.
A : Не ну́жно подстра́иваться под её вкус. Ты хорошó одева́лся до того, как нáчал с ней встреча́ться. А тепéрь что?
B : Ты ничегó не понима́ешь! Сейча́с така́я мóда.
A : Допу́стим, что э́то и так. Но э́тот сви́тер тебé совсéм не идёт.

A：何このセーター？ ほんとにひどいな。
B：彼女に買うようにすすめられてさ。
A：彼女の趣味に合わせる必要ない。きみは彼女とつき合う前、いい着こなしをしていたよ。でも今は何さ？
B：何もわかってないね。今こういうのが流行りなんだよ。
A：そういうことにしようか。でもこのセーターはぜんぜん似合ってないよ。

49

(18) ① из-за *кого-чего* ② из-за того, что…
～(の)せいで、～ので

解説・用法

何らかの好ましくない事象の理由や原因を表す。①は生格を伴う。②は従属文を導く場合。

① из-за *кого-чего*

[例] Получилось очень плохо. Знаешь, это всё из-за тебя!
[訳] かなりまずいことになった。これは全部きみのせいなんだからね。

[例] Из-за шума я всю ночь не мог уснуть☆.
[訳] 騒音のせいで一晩中寝つけなかった。

② из-за того, что…

[例] Он не успел на экзамен из-за того, что не ходили поезда.
[訳] 電車が動かなかったせいで、彼は試験に間に合わなかった。

[例] Из-за того, что преподаватель говорит очень быстро, студенты плохо его понимают.
[訳] 先生は話すのがとても早いので、何を言ってるのか学生はよくわかっていない。

例文 CD18

A：Как ты сдал сессию?
B：Я провалил три экзамена. Думаю, это из-за того, что в этом семестре очень много подрабатывал…
A：Я же говорила, что учёба должна быть на первом месте!

A：試験どうだった？
B：3つ試験に落ちたよ。今学期、バイトをしすぎたせいだと思う。
A：勉強第一って言ったでしょ！

50

[А：ロシア語学習者の日本人 / В：日本語学習者のロシア人]

А：Я начина́ю ненави́деть ру́сский язы́к из-за его́ сло́жной грамма́тики.
В：Ско́ро привы́кнешь и бу́дешь, не заду́мываясь, говори́ть пра́вильно.
А：Ты не понима́ешь, в чём сло́жность. В япо́нском языке́ фра́за стро́ится совсе́м по-друго́му.
В：Но зато́ в ру́сском нет иеро́глифов. □

А：難しい文法のせいでぼくはロシア語を嫌いになり始めてるよ。
В：すぐに慣れて、考えなくても正しく話せるようになるさ。
А：きみには何が難しいのかわからないよ。日本語は文の作りが全然違うからね。
В：でもそのかわりロシア語には漢字はないでしょ。

А：Моби́льник – о́чень удо́бная вещь. Им мо́жно по́льзоваться, как словарём, когда́ ты не уве́рен в написа́нии иеро́глифов.
В：Наве́рное, из-за э́того молодёжь забыва́ет, как они́ пи́шутся.
А：Ду́маю, в э́том винова́ты та́кже и компью́теры. Я привы́к печа́тать на компью́тере и стал забыва́ть иеро́глифы. □

А：携帯はとても便利なものだ。どう漢字を書くか自信がないときに、辞書として使える。
В：たぶんそのせいで、若者は漢字の書き方を忘れてきてるよ。
А：パソコンのせいもあると思う。僕はパソコンでタイピングするのに慣れちゃったから、漢字を忘れてきたよ。

А：Ну, как прошло́ твоё пе́рвое свида́ние с Ка́тей?
В：Зна́ешь, у меня́ оста́лся неприя́тный оса́док из-за того́, что она́ всё вре́мя расска́зывала мне о своём бы́вшем па́рне. □

А：カーチャとの初デートはどうだったの？
В：彼女の昔の男の話をずっと聞かされたせいで後味が悪かったよ。

(19) пока́…
～しているうちは（に）、している間

解説・用法

接続詞として使用され、節を導く。節内の動詞はほとんどの場合不完了体。

■ пока́…

[例] Пока́ есть наде́жда, не сдава́йся!
[訳] 希望がある限り、降参しちゃだめだ。

[例] Дава́й схо́дим за поку́пками, пока́ хоро́шая пого́да. Похо́же, ско́ро бу́дет дождь.
[訳] 天気がいいうちに買い物に行ってこようよ。もうすぐ雨が降りそうだ。

[例] Пока́ ты студе́нт, побо́льше путеше́ствуй. Когда́ начнёшь рабо́тать, бу́дет практи́чески невозмо́жно взять дли́нный о́тпуск.
[訳] 学生のうちに、もっと旅行しなよ。働き始めたら、長期の休暇をとるのはほぼ不可能だ。

[例] Я усну́ла, пока́ смотре́ла э́тот ску́чный фильм. Поэ́тому да́же не зна́ю, чем он зако́нчился.
[訳] この退屈な映画を見ているうちに、私は眠ってしまった。だからどう終わったのか知りもしない。

例文

CD 19

A : Скажи́, како́е дома́шнее зада́ние по перево́ду.
B : Почему́ ты спра́шиваешь? Ты же прису́тствовала на заня́тии.
A : Пока́ я иска́ла тетра́дь, что́бы записа́ть в неё дома́шнее зада́ние, преподава́тель уже́ стёр его́ с доски́.
B : А-а, тогда́ поня́тно. Дома́шнее зада́ние тако́е: повтори́ть сего́дняшний материа́л и доде́лать упражне́ние но́мер два.

A：翻訳の宿題はどこだか教えて。
B：どうして聞くの？　君、授業に出席してたじゃない。
A：宿題をメモしようとノートを探してたら、先生がもう黒板を消しちゃってたんだ。
B：ああ、そういうことね。宿題はね、今日の教材の復習、そして2番の練習問題を最後までやってくることだよ。

A : Почему́ ты не попроси́л у неё но́мер телефо́на? Побоя́лся?
B : Нет, про́сто, пока́ я собира́лся э́то сде́лать, она́ ушла́ домо́й.
A : А что тут бы́ло собира́ться? Сказа́л бы: "Дай мне твой но́мер", и всё.
B : Да, но всё-таки неприя́тно, е́сли тебе́ отка́зывают.

A：なんで彼女の電話番号を聞かなかったの？　怖くなったの？
B：いや、聞こうと考えている間に、彼女が家に帰っちゃっただけさ。
A：何を考えるのさ？「携帯の番号教えて」って言えばよかっただけなのに。
B：そうだね。でもやっぱり断られたら嫌でしょ。

CD 19

A : Не зря счита́ется, что на́до учи́ться, пока́ ты мо́лод.
B : Э́то пра́вда. Огля́дываясь наза́д, я тепе́рь ду́маю, что на́до бы́ло бо́льше учи́ться в студе́нческие го́ды.
A : Ты так говори́шь, как бу́дто тебе́ за со́рок. Ты же ещё совсе́м молодо́й!
B : Нет, па́мять уже́ не та. Да и здоро́вье то́же. У меня́ появля́ется оды́шка, когда́ я поднима́юсь по ле́стнице.
A : Ерунда́! У тебя́ ещё всё впереди́!

A：若いうちに勉強しなきゃいけないというのはもっともだね。
B：それは本当だよ。振り返ってみると、学生時代にもっと勉強しておけばよかったと今では思うんだ。
A：まるで40歳すぎみたいなこと言うな。まだまだ若いじゃない。
B：いや、もう記憶力が衰えてるよ。あと身体もね。階段を登ったら、息切れがするんだ。
A：馬鹿ばかしい。まだまだこれからだろ！

(20) пока́ не…
〜しないうちは（に）、〜するまで

解説・用法

接続詞として用いられる。"пока́"の後ろに続く文の適切な場所に否定の"не"を置く。"пока́"が導く節の動詞は、未来を表す場合であっても過去形になることがある（否定的な結果が予想される・否定的な結果をほのめかす・ある事象がこれから起こるかどうかわからない場合）。

[例] Я хочу́ верну́ться домо́й, пока́ не пошёл дождь.
[訳] 雨が降らないうちに家に帰りたい。

■ пока́ не…

[例] Я не могу́ отве́тить на его́ письмо́, пока́ я не зако́нчу рабо́ту.
[訳] 仕事が終わるまで、彼のメールに返事できない。

[例] Броса́й кури́ть, пока́ не по́здно.
[訳] 手遅れになる前にタバコはやめなよ。

[例] Дава́й зако́нчим э́тот спор, пока́ мы не поссо́рились.
[訳] 口げんかにならないうちに、この議論をやめよう。

例文

A : Отку́да у тебя́ э́тот шрам на ле́вом коле́не?
B : Когда́ мне бы́ло пять лет, я попа́л в ава́рию. Ма́ма веле́ла мне верну́ться домо́й, пока́ не стемне́ло, но я не послу́шался и, когда́ возвраща́лся в су́мерках домо́й, меня́ сби́ла маши́на.
A : Но ты уцеле́л?
B : Я получи́л серьёзные тра́вмы и потеря́л созна́ние. Пото́м в больни́це мне была́ сде́лана опера́ция, и я чу́дом оста́лся жив.

A：左足の膝にあるその傷はどうしたの？
B：5歳の時に事故にあったんだ。暗くならないうちに帰ってきなさいってお母さんに言われたんだけど、言うことを聞かないで薄暗いなかを帰ってるときに車にひかれたんだ。
A：でも無事だったんだよね？
B：大ケガして気絶した。それから病院で手術して奇跡的に助かったよ。

A: В ле́тние кани́кулы я собира́юсь пое́хать в Москву́ на краткосро́чную стажиро́вку.
B: Не ра́но ли э́то де́лать? Ду́маю, тебе́ лу́чше поучи́ться в Япо́нии, пока́ ты не запо́мнишь обихо́дные фра́зы и выраже́ния. Ведь у тебя́ не полу́чится норма́льно обща́ться по-ру́сски.
A: Я зна́ю, что пока́ ра́но, но мне о́чень хо́чется уви́деть свои́ми глаза́ми достопримеча́тельности Москвы́.

A：夏休みにモスクワへ短期留学に行こうかと思ってるんだ。
B：それはまだ早くないかな？　日常のフレーズや表現を覚えるまでは日本で少し勉強した方がいいと思う。だってロシア語で普通に付き合いができないでしょ。
A：早いのはわかってる。でも自分の目でモスクワの観光地をすごく見てみたいんだ。

A: Приходи́ на днях ко мне в го́сти.
B: Я не могу́, пока́ не зако́нчится се́ссия. Бою́сь оста́ться на второ́й год☆.
A: Ла́дно! Ты же всегда́ пережива́л, что студе́нческие го́ды пролетя́т так бы́стро. А так ты смо́жешь остава́ться в университе́те до́льше!

A：近いうちにぼくのとこへ遊びにおいでよ。
B：試験期間が終わるまでは無理だ。留年するのが恐くてさ。
A：よく言うよ！　きみはいつも学生生活があっという間にすぎていくことに気をもんでたじゃない。それならもっと長く大学にいられるんだよ！

(21) с тех пор, как…
〜して以来、〜してから

解説・用法

後に文を導く。導かれた文内の動詞はふつう過去形。

■ с тех пор, как…

[例] Оля не берёт трубку с тех пор, как мы в субботу поссорились.
[訳] 土曜日にけんかをしてからオーリャは電話に出てくれない。

[例] С тех пор, как я начал работать, я перестал высыпаться.
[訳] 働き始めてからしっかり寝られなくなった。

[例] С тех пор, как Максим уехал в Россию, я каждый день плачу. Я по нему так соскучилась!
[訳] マクシムがロシアに帰って以来、私は毎日泣いている。彼がとても恋しい。

[例] С тех пор, как я вернулась со стажировки, я почти не имею возможности говорить по-русски
[訳] 留学から戻って以来、ロシア語を話す機会がほとんどない。

例文

CD 21

A: Это было на самом деле. Ходили слухи, что где-то далеко в горах появляется призрак. И трое парней из любопытства пошли туда.
B: И что было дальше? Неужели они пропали без вести?
A: С тех пор, как они отправились в горы, никто их не видел.
B: Ты это придумал, да? Хочешь меня напугать?

A: これは本当にあった話なんだけど、山奥のどこかに幽霊が出るって噂が流れて、3人の男の子が好奇心でそこへ行ったんだ。
B: それでそのあとどうなったの？　まさか消息不明になったとか？
A: 山に出かけて以来、彼らを見た人はいない。
B: きみがこれ考えついたんでしょ？　驚かそうとしてるね？

А : Ты уже́ сде́лал зада́ние на ле́то?
В : Нет, я о нём совсе́м забы́л. С тех пор, как начали́сь ле́тние кани́кулы, я вообще́☆ не занима́юсь ру́сским языко́м.
А : Повторя́й хотя́ бы слова́, про́йденные в пе́рвом семе́стре, а то во второ́м ты совсе́м отста́нешь.
В : Да, я зна́ю. Но мне неохо́та!

А : 夏の課題もうやった？
В : いや、すっかり忘れたよ。夏休みが始まってから、まったくロシア語を勉強してないや。
А : 前期にやった単語だけでも復習しなよ。でないと後期、完全に置いてかれるよ。
В : うん、わかってるよ。でも面倒なんだよな。

А : С тех пор, как я стал изуча́ть ру́сский язы́к, я забро́сил англи́йский. Потому́ что мне не дано́ изуча́ть два языка́ одновре́менно.
В : Почему́? Англи́йский же не тако́й сло́жный, как ру́сский. По-мо́ему, изуча́ть англи́йский и ру́сский паралле́льно – тебе́ вполне́ по си́лам.
А : Нет, я люблю́ хорошо́ де́лать одно́ де́ло, а не распыля́ть свои́ си́лы, тем бо́лее, что тепе́рь англи́йский мне ка́жется ещё сложне́е, чем ра́ньше. Ведь англи́йские слова́ так тру́дно произноси́ть. Вот наприме́р, сло́во "foreign" произно́сится "фо́рин".

А : ロシア語を勉強するようになってから、英語はやめたんだ。ぼくには２つの言語を同時に勉強する能力はないよ。
В : どうして？ 英語はロシア語ほど難しくないでしょ。きみは余裕で英語とロシア語を並行して勉強できると思うな。
А : いや、一つのことをしっかりやるのが好きで、いろいろ手を出すのは嫌なんだ。ましてや今じゃ英語が前よりももっと難しく感じる。だって英語の単語は発音がとても難しいからさ。たとえば"foreign"が"フォーリン"って発音されるんだもの。

(22) по мéре тогó, как… ～するにつれて

解説・用法

ある事象や状況が少しずつ変化する様子を表す。後に文を導く。主文と文型の後にくる文の動詞はほとんどの場合が不完了体。

■ по мéре тогó, как…

[例] Органи́зм устаёт быстрéе по мéре тогó, как ты стано́вишься ста́рше.
[訳] 歳をとるにつれ、もっと早く体が疲れるようになる。

[例] По мéре тогó, как я слу́шал егó расскáз, я всё лу́чше понимáл, что емý пришло́сь испытáть за э́ти го́ды.
[訳] 彼の話を聞くにつれて、この数年、彼がどんな目にあってきたかがもっとよくわかってきた。

[例] По мéре тогó, как приближáется óсень, мне стано́вится грýстно. Онá напоминáет мне о моéй несчáстной любви́.
[訳] 秋が近づくにつれ、私は悲しくなる。秋は報われなかった私の恋を思い出させるから。

[例] Онá начинáет нрáвиться мне всё бóльше и бóльше по мéре тогó, как я узнаю́ её.
[訳] 彼女のことを知るにつれ、ますます好きになっていく。

例文　CD22

A: У меня́ си́льно измени́лся харáктер. Рáньше я нé был таки́м, как сейчáс.
B: Естéственно. Харáктер меня́ется по мéре тогó, как ты взросле́ешь.
A: Но мой харáктер стал совсéм други́м.
B: Знáешь, почемý тебé так кáжется? Потомý что ты узнáл жизнь.

A：ぼくの性格はかなり変わった。昔は今みたいじゃなかったけどな。
B：当然だよ。大人になるにつれて、性格は変わっていくさ。
A：でも、まったく別の性格になっちゃったんだよ。
B：どうしてそう思えるかわかる？　きみは人生のことがわかってきたのさ。

А: По мере того, как учёба подходит к концу, у меня просыпается желание глубже изучать русский язык.
В: Понимаю. Я тоже жалею, что на первом и втором курсе я занимался не очень серьёзно.
А: Тогда, может, нам лучше ещё раз пройти учебник для студентов первого курса? Ведь мы оба плохо разбираемся в основных грамматических правилах.

A：大学が終わりに近づくにつれて、ロシア語をもっと深く勉強したいという気になってくる。
B：わかるよ。ぼくも一年と二年の時にあまり真面目に勉強しなかったことを後悔してるんだ。
A：それなら、ぼくたち一年生の教科書をもう一度やった方がいいかもよ。2人とも基本的な文法規則がよくわかってないからね。

CD 22

А: Ешь побольше! Хватит диет! Мне всё равно, даже если ты располнеешь.
В: Все мужчины так говорят, а потом бросают «толстушек».
А: Что ты! Совсем даже наоборот. Знаешь, по мере того, как ты худеешь, всё твоё очарование тает. Так что диеты тебе не нужны. Ты и так красивая.
В: Спасибо, но это моё личное дело. Я не нравлюсь себе толстой.

A：もっと食べて。ダイエットはもういい。太ってもかまわないから。
B：男はみんなそう言って、後で「おデブちゃん」を捨てるのよ。
A：何言ってるの！　まったく逆だから。あのね、痩せるにつれて、きみの魅力は消え去っていくんだよ。だからダイエットは必要ない。きみはそのままできれいだから。
B：ありがと。でも、これは私個人の問題。太っている自分が嫌なの。

(23) ина́че… / а то…
さもないと〜、そうでないと〜

解説・用法

後置される文の頭に置く。前文に動詞の命令形がくることが多い。
[例] Сде́лай э́то сейча́с, ина́че [а то] бу́дет уже́ по́здно!
[訳] これは今やりなよ。さもないと手遅れになるぞ

■ ина́че… / а то…

[例] Я возьму́ с собо́й ка́рты, а то нам в по́езде не́чем бу́дет заня́ться, и мы умрём от ску́ки.
[訳] トランプを持っていくよ。でないと電車でやることがないから退屈で死んじゃうよ。

[例] Всегда́ име́й при себе́ па́спорт, ина́че тебя́ оштрафу́ют за отсу́тствие удостовере́ния ли́чности.
[訳] 常にパスポートを携帯してね。さもないと身分証の不所持で罰金をとられるから。

[例] Переста́нь наеда́ться на́ ночь, ина́че ты так никогда́ и не похуде́ешь!
[訳] 寝る前に沢山食べないで。でないといつまでたっても痩せないぞ。

[例] Обяза́тельно ну́жно регуля́рно е́здить в Росси́ю, а то у нас пропадёт жела́ние учи́ть ру́сский язы́к.
[訳] 定期的にロシアへ絶対行かなきゃ。でないとぼくたち、ロシア語を勉強する気がなくなるよ。

例文　CD 23

A: Дава́й поспеши́м, а то мы опозда́ем на встре́чу с Ле́ной. Побежа́ли!
B: К трём мы всё равно́ уже́ не успе́ем. Пусть немно́го подождёт.
A: Нет, я не хочу́ заставля́ть её ждать. Пое́хали на такси́.
B: Ла́дно. То́лько пла́тишь ты.

A：急ごう。でないとレーナとの待ち合わせに遅れる。走るぞ。
B：どうせ３時にはもう間に合わないよ。少し待たせとけばいいよ。
A：いや、彼女を待たせたくない。タクシーで行こう。
B：わかったよ。ただし払うのはきみだよ。

CD 23

A : Мне так надоéл спам! Как не посмотрю́ в почто́вый я́щик – оди́н спам…
B : У меня́ то́же ку́ча спа́ма. С э́тим ну́жно что́-то де́лать, ина́че так я могу́ пропусти́ть действи́тельно ва́жное письмо́.
A : Попро́буй установи́ть антиспа́мовый фильтр.
B : Да у меня́ уже́ всё устано́влено, одна́ко спам всё равно́ проса́чивается во "Входя́щие".

A：迷惑メールにはうんざり。メールボックスを見るといつも迷惑メールばっかり…。
B：ぼくも迷惑メールがだらけさ。これはどうにかしないとな。でないとこれじゃあ本当に大事なメールを見逃すかもしれない。
A：迷惑メールフィルターを設定してみなよ。
B：もう全て設定されてるんだけど、どのみち迷惑メールは受信ボックスに入り込んでくるんだよ。

A : Лю́бишь же ты спо́рить. Э́то, коне́чно, не пло́хо, но не говори́ со мной в подо́бном то́не.
B : Ты что, идио́т☆? По-мо́ему, не я, а ты сли́шком распали́лся.
A : Что ты сказа́л? Ты назва́л меня́ идио́том?
B : И́менно! Я говорю́, что идио́т – э́то ты!
A : И не сты́дно тебе́?! Возьми́ свои́ слова́ обра́тно, а то пожале́ешь!

A：きみは議論好きだな。もちろん悪くはないけど、そんな口調で話さないでよ。
B：お前さ、バカなのか？ 熱くなりすぎたのは俺じゃなくて、お前だと思うな。
A：何て言った？ ぼくのことバカって言ったのか？
B：その通り。お前はバカだって言ってるんだよ。
A：自分が恥ずかしくないのか？ 取り消しなよ。でないと後悔するぞ。

(24)
① (кому́) **всё равно́**, ...
② (кому́) **безразли́чно**, ...
どうでもいい、どちらでもいい

解説・用法

①②は疑問詞で始まる文などを伴う。何も伴わずに"(кому́) **всё равно́** / **безразли́чно**"という形で使うことも多い。動作主体は与格で表す。①は、②に比べて、投げやりに聞こえる場合がある。

① (кому́) всё равно́, ...

[例] Мне всё равно́, что обо мне ду́мают други́е.
[訳] 他人にどう思われているかなんてどうでもいい。

[例] A: Во ско́лько за́втра уви́димся?
　　 B: Мне всё равно́. Я за́втра весь день свобо́ден.
[訳] A: 明日は何時に会う？
　　 B: 何時でもいいよ。明日は一日中暇だ。

② (кому́) безразли́чно, ...

[例] Нам соверше́нно безразли́чно, кака́я па́ртия победи́т на предстоя́щих вы́борах.
[訳] 今度の選挙でどの政党が勝つか、私達には全くどうでもいい。

[例] Ему́ бы́ло безразли́чно, како́й иностра́нный язы́к изуча́ть.
[訳] 彼は、勉強するのがどんな外国語でもよかった。

例文

A: У Са́ши ско́ро день рожде́ния, и я ду́маю купи́ть ей в пода́рок су́мку изве́стной фи́рмы.
B: Хм, в при́нципе, э́то неплохо́й вариа́нт. Но така́я су́мка о́чень дорога́я.
A: Мне безразли́чно, ско́лько она́ сто́ит. Мне совсе́м не жа́лко де́нег на пода́рок люби́мому челове́ку.

A：もうすぐサーシャの誕生日だから、プレゼントに有名なブランドのバッグを買おうかと考えてるんだ。
B：まあ、悪い考えではないけど、そういうバッグはすごく高いでしょ。
A：いくらしてもいいよ。恋人へのプレゼントに使うお金は全然惜しくないんだ。

A: Дóма нéчего дéлать. Мóжет, пойти́ в кинó?
B: Хм, не знáю. А что сейчáс идёт в кинотеáтрах?
A: Сейчáс посмотрю́ в Интернéте. А на какóй фильм тебé бы хотéлось сходи́ть?
B: Мне всё равнó. Тóлько не нáдо фи́льма у́жасов.
A: Слу́шай, а что, éсли взять напрокáт DVD?
B: О, э́то прекрáсная идéя! Мне кáк-то совсéм неохóта тащи́ться в кинó.

A：家だとやることがないな。映画館に行ってみる？
B：うーん、どうしよう。いま、映画館は何をやってるの？
A：いま、インターネットで見てみる。どんな映画見に行きたい？
B：何でもいいよ。ただホラー映画は嫌だな。
A：ねえ、DVDをレンタルしたらどうかな？
B：おお、それはいい考え。なんだか映画館まで行くのはすごく面倒。

［A：日本人／B：ロシア人留学生］
A: Ты чáсто смóтришь телеви́зор?
B: Да, хотя́ я не поклóнник телеви́дения. А что?
A: Мне интерéсно, каки́е передáчи смóтрят ру́сские стажёры.
B: На э́тот вопрóс мне трýдно отвéтить, потомý что мне всё равнó, что там покáзывают – я прóсто смотрю́ телеви́зор с цéлью разви́тия нáвыков аудирования.

A：きみはよくテレビを見る？
B：うん。テレビ好きじゃないけどね。なぜ？
A：ロシア人の留学生はどんな番組を見ているのかなと思って。
B：その質問に答えるのは難しいなあ。何やってるかなんてどうでもいいからね。リスニング力を伸ばすために見ているだけだからさ。

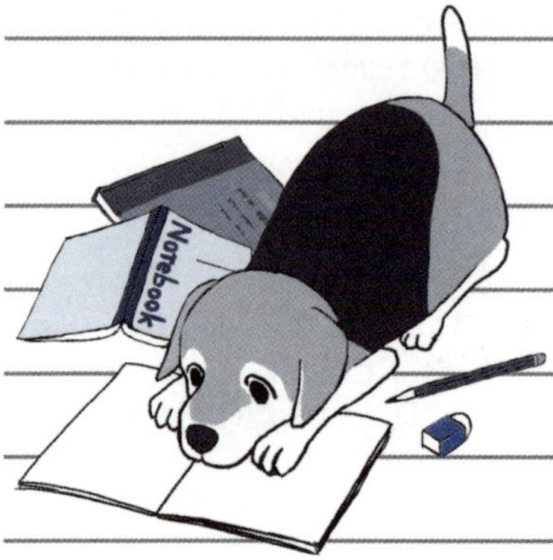
Notebook

Часть 2

(25) 疑問詞 + 比較級..., A или B ?
AとB、どちらが(の方)〜

解説・用法

AとBを比べ、「どちらの方が〜か」を表す。疑問詞 (что, где, какой, когда など) と比較級に続け、選択の対象となる語句 (A или B) を置く。

[例] Нельзя сравнить, что важнее, семья или работа.
[訳] 家族と仕事、どちらの方が大事か比べられない。

■ 疑問詞 + 比較級..., A или B

[例] Какие фильмы тебе больше нравятся, комедии или боевики?
[訳] コメディー映画とアクション映画、どっちの方が好き？

[例] Кто из нас симпатичнее, она или я?
[訳] 彼女と私はどっちの方がかわいい？

[例] Где лучше покупать компьютер, в районе Акихабара или в Синдзюку?
[訳] 秋葉原と新宿、パソコンはどっちで買った方がいい？

例文

CD 25

A : Как у тебя дела с русским языком?
B : Ой, даже и не спрашивай! А как у тебя с японским?
A : Да так..., честно говоря, тоже плохо. Как ты думаешь, какой язык сложнее, русский или японский?
B : Это зависит☆ от твоего родного языка.

A : ロシア語の調子はどう？
B : いや、どうもこうもないよ！ きみは日本語の調子どう？
A : いや別に…、正直言うと、こっちもよくないね。どう思う、ロシア語と日本語はどっちが難しいのかな？
B : それは、自分の母語次第だね。

A : Завтра ты свобо́ден? Дава́й встре́тимся.
B : Дава́й. На за́втра у меня́ нет никаки́х пла́нов.
A : Где тебе́ удо́бнее встре́титься, в райо́не Синдзю́ку или на Ги́ндзе?
B : Мне всё равно́. Где хо́чешь.

A：明日、暇？会おうよ。
B：いいよ。明日は何の予定もないし。
A：新宿と銀座、どっちで会うのが都合いい？
B：どっちでも。きみの好きでいいよ。

A : Кто лу́чше говори́т по-япо́нски, Ми́ша или Ле́на?
B : Не зна́ю. Они́ о́ба говоря́т непло́хо, хотя́ произноше́ние у них пока́ не о́чень чи́стое.
A : Да, они́ ещё говоря́т с си́льным акце́нтом. И иногда́ я с трудо́м их понима́ю.
B : Но э́то есте́ственно. Я ду́маю, во взро́слом во́зрасте невозмо́жно научи́ться говори́ть на иностра́нном языке́ без акце́нта.

A：ミーシャとレーナってどっちの方が日本語上手なの？
B：どうだろ。両方悪くないよ。発音はまだあまりきれいじゃないけど。
A：うん、まだけっこう不自然だね。だからときどきわかりづらい。
B：でもそれは当然さ。大人になってから自然な外国語を話せるようになるのは無理だと思う。

A : Кака́я компа́ния име́ет бо́льшую до́лю на ры́нке со́товых телефо́нов, A или B?
B : Безусло́вно, компа́ния A. Но B сейча́с о́чень ча́сто реклами́рует свои́ но́вые моде́ли по телеви́зору, так что, мо́жет быть, ей уда́стся измени́ть положе́ние в свою́ по́льзу.

A：A社とB社はどちらの方が携帯市場で高いシェアを有しているの？
B：もちろんA社。でも今、B社はテレビで新しい携帯の宣伝をかなりしているから、状況を有利な方に変えられるかもね。

(26) не то, чтобы…, просто…
～というわけではないけれど…、～ことはないけれど…

解説・用法

"чтобы"で始まる文の動詞は、過去の出来事を表すとき以外は過去形にする必要はない。

■ не то, чтобы…, просто…

[例] Не то, чтобы мне жалко денег, просто это не честно, что во время свидания мужчины всегда должны угощать женщин.
[訳] お金がもったいないわけじゃないけど、デートのとき、男性が必ず女性におごらなければいけないのは不公平だ。

[例] Не то, чтобы Аня не симпатичная, просто она не в моём вкусе.
[訳] アーニャはかわいくないことはないけど、タイプじゃない。

[例] Не то, чтобы я не люблю спорт, просто в последнее время мне некогда им заниматься.
[訳] スポーツは嫌いではないんだけど、最近やる時間がないんだ。

例文

CD 26

A: Люда меня приглашает в кино. Думаешь, надо пойти?
B: А что тут думать? Хочешь – иди, не хочешь – не ходи.
A: Не то, чтобы я не хочу, просто с ней никогда не получается интересной беседы.
B: Да? Ты просто постарайся найти с ней общую тему для разговора. Я не думаю, что вы совсем не сходитесь характерами.

A: リューダが映画に誘ってくれてるんだ。行くべきだと思う？
B: 考えることなんてないでしょ。行きたければ、行けばいいし、行きたくなければ、行かなきゃいい。
A: 嫌というわけじゃないんだけど、あの子とはまったくおもしろい会話ができないんだよな。
B: そう？ 頑張って彼女と共通の話題を見つけなって。性格がまったく合わないとは思わないな。

A : Ты ешь то́лько дешёвую лапшу́. Де́ньги зако́нчились, что ли☆?
B : Не то, что́бы у меня́ сейча́с нет де́нег, про́сто я их коплю́. Неда́вно был вы́пущен но́вый MP3 пле́ер. Мне его́ до́ смерти хо́чется купи́ть.

A：安いラーメンばかり食べてるね。お金がなくなっちゃったの？
B：今、お金がないわけじゃないんだけど、貯金をしていてさ。最近、新しいMP3プレーヤーが出てね。それが死ぬほど買いたくて。

CD 26

A : Ты до сих пор обижа́ешься на свою́ бы́вшую подру́гу?
B : Нет, не то, что́бы я обижа́юсь, про́сто мне ка́к-то не хо́чется с ней бо́льше обща́ться.
A : Но уже́ прошло́ сто́лько вре́мени. Пора́ забы́ть про́шлое.
B : Я зна́ю. Но тако́е не забыва́ется.

A：まだ前の彼女に腹を立ててるの？
B：いや、怒ってるわけじゃないんけど、なんだかもう会いたくなくて。
A：でももうずいぶん時間が経ったでしょ。昔のことは忘れてもいい頃だよ。
B：わかってる。でもこういうのは忘れられないよ。

A : У меня́ к тебе́ ма́ленькая про́сьба. Мо́жешь перевести́ э́тот текст?
B : Ну, не то, что́бы не могу́ перевести́, про́сто ну́жно вре́мя.
A : На са́мом де́ле, мне ну́жен перево́д к за́втрашнему дню.
B : Извини́, но я не могу́ тебе́ помо́чь. Сего́дня ве́чером у меня́ ва́жное де́ло, а за́втра с утра́ я то́же занята́.

A：ちょっとお願いがあるんだ。このテキストを訳してくれるかな？
B：訳せないことはないけどさ、時間が必要。
A：実は明日までに訳が必要なんだ。
B：ごめん、手伝えないわ。今日は夕方、大事な用事があるし、明日は朝から忙しいの。

(27)
① **не так уж (и)** + 副詞
② **не такой уж (и)** + 形容詞
それほど〜ではない、たいして〜ではない

解説・用法

程度が甚だしくないことを表す。後置される単語が副詞＊なら"не так уж (и)"（①）、形容詞であれば"не такой уж (и)"（②）と結びつく。"и"は強調。＊述語的に用いる副詞や"мно́го" "ма́ло"などの数量代名詞も含む。

① не так уж (и) + 副詞

[例] Мо́жешь не надева́ть пальто́. Сего́дня не так уж хо́лодно.
[訳] コートは着なくていいよ。今日はたいして寒くない。

[例] У нас не так уж и мно́го возмо́жностей обща́ться с ру́сскими.
[訳] 私達がロシア人とつき合う機会はそれほど多くない。

② не такой уж (и) + 形容詞

[例] Серге́й не тако́й уж серьёзный студе́нт. Он про́сто де́лает вид, что акти́вно занима́ется.
[訳] セルゲイはたいして真面目な学生じゃない。積極的に勉強するふりをしてるだけだ。

[例] Моя́ ко́мната не така́я уж и больша́я.
[訳] ぼくの部屋はそれほど大きくない。

例文

A : Ты так хорошо́ говори́шь☆ по-ру́сски!
B : Я говорю́ не так уж и хорошо́.
A : По-мо́ему, с твои́м у́ровнем уже́ мо́жно обща́ться на любы́е те́мы.
B : Я так не ду́маю. Мне ещё учи́ться и учи́ться.

A：ロシア語がすごく上手だね。
B：たいして上手に話せないよ。
A：きみのレベルなら、もうどんなテーマの話もできると思うな。
B：そうは思わないよ。まだまだ勉強しなくちゃ。

A: Покажи́ мне фо́то свое́й де́вушки. Интере́сно, как она́ вы́глядит?
B: Она́ не така́я уж и краси́вая. (*Пока́зывает фо́то*)
A: Да ты что! Она́ же пря́мо-таки настоя́щая краса́вица! У тебя́ отли́чный вкус.

A：彼女の写真を見せてよ。どんな女の子か気になるな。
B：そんなにきれいじゃないよ。(写真を見せる)
A：何言ってるのさ。彼女、ものすごい美人じゃん。いい趣味してるよ。

A: Ско́лько вре́мени потре́буется, что́бы дое́хать отсю́да по́ездом до Нахо́дки?
B: Не так уж и мно́го. Приме́рно три часа́.

A：ここからナホトカまで電車で行ったら何時間かかるかな？
B：たいしてかからないよ。3時間くらいだね。

A: По-мо́ему, э́та кни́га не така́я уж интере́сная.
B: Почему́? Сейча́с вся Япо́ния чита́ет её, и я слы́шал о ней мно́го хоро́ших о́тзывов.
A: А на меня́ она́ не произвела́ никако́го впечатле́ния.
B: Ну, ты чуда́к!

A：この本はそれほど面白くないと思う。
B：どうして？今、日本中で読まれていて、いい評判をたくさん聞いたよ。
A：ぼくには何の印象も残らなかったよ。
B：まあ、きみは変わり者だね！

(28) допу́стим, (что) …
仮に～としたら（としよう）、たとえば～

解説・用法

仮定を表し、挿入語として使用される。"**допу́стим**"は変化せず、この形で使う。

■ допу́стим, (что) …

[例] Допу́стим, за́втра наста́нет коне́ц све́та. Что ты бу́дешь де́лать?
[訳] 仮にあした世界の終わりが訪れるとしよう。きみは何をする？

[例] Допу́стим, что па́рень и де́вушка попа́ли в каку́ю-то экстрема́льную ситуа́цию, и им удало́сь вы́жить. И пото́м они́ непреме́нно влюбля́ются друг в дру́га.
[訳] 男女がある極限状態に陥って、うまく切り抜けたとしよう。その後、きっと二人はお互いに恋をしているんだ。

[例] Допу́стим, я вы́играю сто миллио́нов иен. В тако́м слу́чае я сра́зу уйду́ с рабо́ты и отпра́влюсь в кругосве́тное путеше́ствие.
[訳] 仮に1億円当たったとしたら、その場合、すぐに仕事をやめて世界一周旅行に行くよ。

例文

[A：ロシア人 / B：日本人]
A：Как перевести́ на ру́сский язы́к предложе́ние: "Ано каcю ва кути́паку да"? Я не зна́ю, что тако́е "кути́паку".
B：Сейча́с объясню́. Допу́стим, ты слу́шаешь в за́ле выступле́ние како́го-нибудь певца́. Он хорошо́ поёт, но что́-то не так. Тако́е ощуще́ние, что ты про́сто слу́шаешь диск, а не настоя́щий живо́й го́лос.
A：То есть исполни́тель поёт под фоногра́мму?
B：Да. Э́то предложе́ние перево́дится так: "Э́тот певе́ц поёт под фоногра́мму".

A：「あの歌手は口パクだ」という文は、どうロシア語に訳すのかな？
　　口パクって何のことだかわからないの。
B：今、説明するね。たとえばきみはいまライブ会場で、ある歌手の歌を聴いているとする。歌はうまいんだけど何かが違う。CDを聴いているだけで、実際の生の声じゃない感じがするんだ。
A：つまり、録音に合わせて歌っているということ？
B：そう。この文の訳は "Э́тот певе́ц поёт под фоногра́мму." だね。

[A：日本人 / B：ロシア人]
A：Почему́ москвичи́ совсе́м не интересу́ются Примо́рским кра́ем?
B：Ну, ты сам поду́май. Допу́стим, ты роди́лся и вы́рос в Москве́. Э́то столи́ца огро́много госуда́рства. Тебя́ бу́дет интересова́ть како́й-то Бо́гом забы́тый далёкий регио́н? Ду́маю, что нет.
A：Да, вот я коренно́й жи́тель То́кио, а пло́хо представля́ю себе́, где нахо́дятся, наприме́р, префекту́ры Сага или Эхимэ.
B：Вот ви́дишь.

A：なぜモスクワの人は、沿海地方のことにまったく興味がないの？
B：考えてみなって。きみはモスクワで生まれ育ったとしようか。巨大な国の首都さ。きみは忘れ去られた遠くの地域のことに興味がわくかい？ わからないと思うよ。
A：そうだね、ぼくは生粋の東京っ子で、たとえば佐賀県とか愛媛県がどこにあるか、あまりイメージわかないや。
B：ほらね。

CD 28

A：Иногда́ мне хо́чется нача́ть жизнь снача́ла.
B：Мне то́же. В после́днее вре́мя всё идёт не так, как бы мне хоте́лось. Допу́стим, мы могли́ бы роди́ться за́ново. Кем бы ты хоте́л быть во второ́й жи́зни?
A：Соба́кой. Соба́ке живётся беззабо́тно. Она́ то́лько спит, ест и гуля́ет.

A：ときどき人生やり直したくなるよ。
B：ぼくも。最近、何もかも思うようにいかない。仮に生まれ変われるなら、次の人生で何になりたい？
A：犬。犬はのんきに暮らしてるよ。寝て、食べて、散歩するだけだから。

(29) хоть и + 単語..., но...
～といっても、… / ～とはいえ、…

解説・用法

譲歩を表す。

■ хоть и + 単語..., но...

[例] Он хоть и не учи́тель, но о́чень хорошо́ разбира́ется в грамма́тике ру́сского языка́.
[訳] 彼は先生じゃないとはいえ、ロシア語文法にとても詳しい。

[例] Хоть я и учи́лся в Росси́и, но пока́ не могу́ свобо́дно излага́ть свои́ мы́сли по-ру́сски.
[訳] ロシアで勉強していたといっても、ロシア語で自由に自分の考えを述べることはまだできません。

[例] Она́ хоть и краси́вая, но, наверняка́, у неё тяжёлый хара́ктер.
[訳] 彼女、美人といっても、きっと付き合いづらい性格だよ。

例文

CD 29

A : Ты говори́шь по-англи́йски?
B : Я непло́хо зна́ю англи́йский на у́ровне бесе́ды на бытовы́е те́мы. А ты ведь то́же его́ учи́л? И как твои́ успе́хи?
A : Ну как, хоть я и учи́л англи́йский, но у меня́ не́ было разгово́рной пра́ктики. Я, как у́мная соба́ка: всё понима́ю, а сказа́ть не могу́.
B : Éсли ты уже́ понима́ешь, что тебе́ говоря́т, зна́чит, ско́ро и сам заговори́шь.

A：きみは英語話せるの？
B：日常会話レベルはいけるよ。きみも英語は勉強してたでしょ。成果は？
A：いやあ、勉強してたといっても、会話練習はなかったからね。全てわかるけど、話せない。利口な犬みたいにね。
B：何を言われてるのかをすでにわかっているのならば、すぐに自分も話せるようになるよ。

A : Мо́жет, ты запла́тишь за меня́? Ты же прили́чно получа́ешь.
B : Зна́ешь, я хоть и непло́хо зараба́тываю, но мно́го де́нег ухо́дит на опла́ту кварти́ры и на проду́кты, а на карма́нные расхо́ды остаётся совсе́м ма́ло. Поэ́тому я живу́ дово́льно скро́мно.

A : もしかして、ぼくの分払ってくれる？ きみはけっこうもらってるでしょ。
B : けっこう稼いでるといってもさ、家賃や食費にたくさん消えてくから、お小遣いはほとんど残らないんだ。だから、かなりつましい生活をしているよ。

CD 29

A : Она́ ведь да́же распла́калась и извини́лась пе́ред тобо́й. Зна́чит, призна́ла свою́ вину́.
B : Она́ хоть и извини́лась, но неи́скренне. Э́то бы́ли про́сто слова́.
A : Нет-нет. Она́, наверняка́, проси́ла проще́ния от чи́стого се́рдца, поэ́тому и не смогла́ сдержа́ть слёз.
B : А вот как раз э́того я и не люблю́. Же́нские слёзы – са́мое си́льное ору́жие про́тив мужчи́н. Ведь на них невозмо́жно споко́йно смотре́ть, и ты начина́ешь чу́вствовать себя́ винова́тым.

A : 彼女、泣きじゃくって謝ったってことは、自分の非を認めたのさ。
B : 謝ったといっても、心がこもってなかった。口だけだ。
A : 違うって。きっと本気で謝ったから、涙を抑えきれなかったのさ。
B : まさにそれが嫌なんだ。女性の涙は男に対する最強の武器。だって落ち着いて見ていられないし、こっちが悪い気がしてくるんだから。

A : Ты мно́го прогу́ливаешь. Так ты оста́нешься на второ́й год.
B : Всё норма́льно. Хоть я и пропусти́л мно́го заня́тий, но я был на всех зачётах и те́стах. Ду́маю, преподава́тель меня́ аттесту́ет.

A : きみはかなり授業をサボってるな。それじゃ留年するよ。
B : 問題なんかないよ。授業をけっこう休んだといっても、面接とテストにはすべて出たよ。先生は成績をつけてくれると思うな。

(30) ① но не настолько, чтобы + 動詞
② но не настолько, чтобы…
〜だが、…ほどではない

解説・用法

①は、動詞の不定形を伴う。②は、後に従属文を導く。ほとんどの場合、前の文に程度を表す副詞や形容詞が含まれている。

① Я получаю достаточно, но не настолько, чтобы приобрести машину.
ぼくはけっこうもらっているけど、車が買えるほどじゃない。

② У меня не очень хорошо с успеваемостью, но не настолько, чтобы меня оставили на второй год.
私の成績はあまり良くないけど、留年するほどじゃない。

① но не настолько, чтобы + 動詞　② но не настолько, чтобы…

[例] В комнате жарко, но не настолько, чтобы включать кондиционер.
[訳] 部屋の中は暑いけど、冷房をつけるほどじゃない。　①−□

[例] Конечно, она красивая, но, по-моему, не настолько, чтобы участвовать в конкурсе красоты.
[訳] もちろん彼女は美人だけど、ミスコンに出場するほどじゃないと思う。　①−□

[例] Он хорошо говорит по-русски, но не настолько, чтобы работать гидом.
[訳] 彼はロシア語が上手だけれど、ガイドとして働くほどじゃない。　①−□

[例] У меня достаточно времени и денег, но не настолько, чтобы я мог поехать в путешествие за границу.
[訳] 時間と金は十分あるけど、海外旅行に行けるほどじゃない。　②−□

例文

A : Нана хорошо́ говори́т по-ру́сски. По-мо́ему, э́то са́мая си́льная студе́нтка на второ́м ку́рсе.
B : Да, говори́т она́ хорошо́, но не насто́лько, что́бы задира́ть нос. Про́сто её у́ровень немно́го вы́ше, чем у остальны́х.

A：奈々はロシア語が上手だ。二年生で一番できる学生だと思う。
B：うん、上手ではあるけどさ、いばるほどじゃないよ。他の人より少しレベルが高いだけ。

A : Ты не хо́чешь стать перево́дчиком?
B : Ну уж нет! Я с ума́ сойду́ от тако́й напряжённой рабо́ты! К тому́ же, хотя́ я дово́льно свобо́дно говорю́ по-ру́сски, но всё-таки не насто́лько, что́бы рабо́тать перево́дчиком.
A : Я име́ю в виду́ в бу́дущем – ты же бу́дешь постоя́нно соверше́нствоваться.

A：きみは通訳になりたくはないの？
B：いやいや！ そんな緊張を要する仕事をしたら頭がおかしくなるよ。それに、かなり自由にロシア語を話せるけど、やっぱり通訳として働くほどじゃない。
A：ぼくが言いたいのは先のこと。常に上達していくんだから。

A : За́втра у нас бу́дет экза́мен у преподава́теля Мура́та.
B : Ой, мне придётся занима́ться всю ночь.
A : Да брось ты. Э́тот экза́мен, коне́чно, сло́жный, но не насто́лько, что́бы пришло́сь сиде́ть всю ночь.
B : Возмо́жно, ты и прав. Но хоте́лось бы получи́ть прили́чную оце́нку.

A：明日、村田先生のテストだね。
B：ああ、徹夜しなきゃいけない。
A：べつに大丈夫でしょ。もちろん今回の試験は難しいけど、徹夜でやるはめになるほどじゃないよ。
B：きみの言う通りかも。でも私はまともな点数が取りたいのよね。

(31)
① (кому́) приходи́ться-прийти́сь + 動詞
② (кому́) ничего́ не остаётся-оста́нется, кро́ме как + 動詞
～しなければならない、～することになる、～するしかない

解説・用法

①は、自分の意志に反して何かをしなければならない時に、②は、選択肢が他にない時に使う。伴う動詞は不定形。動作主体は与格で表す。

① (кому́) приходи́ться/прийти́сь + 動詞

[例] Лу́чше не снима́ть де́ньги в банкома́те по́сле шести́ часо́в ве́чера. Потому́ что тебе́ придётся плати́ть коми́ссию.
[訳] 夜6時以降にお金をATMでおろさない方がいいよ。手数料を払うことになるから。

[例] Вчера́ мне пришло́сь всю ночь занима́ться ру́сским языко́м. Вот так всегда́ накану́не экза́менов.
[訳] 昨日は徹夜でロシア語をやるはめに。試験前はいつもこうだ。

② (кому́) ничего́ не остаётся/оста́нется, кро́ме как + 動詞

[例] Никто́ из нас не хо́чет быть веду́щим на семина́ре. Поэ́тому нам ничего́ не остаётся, кро́ме как вы́брать его́ жеребьёвкой.
[訳] 誰もゼミを仕切りたがらないから、クジで選ぶしかない。

[例] Я задержа́лся на вечери́нке и не успе́л на после́днюю электри́чку. Так что мне ничего́ не остава́лось, кро́ме как лови́ть такси́.
[訳] 飲み会でぐずぐずしたから終電に間に合わなかったよ。だからタクシーをつかまえるしかなかったんだ。

例文　CD31

A: Ты ещё не зако́нчила докла́д?
B: Написа́ла, но мой компью́тер слома́лся! Поэ́тому мне придётся всё де́лать за́ново на университе́тском компью́тере.

A：まだレポート終わってないの？
B：書き終わったんだけど、パソコンが壊れちゃったんだよ。だから大学のパソコンで最初から全部やり直すしかないの。

A : Ты купи́л ру́сскую клавиату́ру?
B : Нет. Я иска́л, иска́л по всему́ го́роду, но так и не нашёл. Поэ́тому мне пришло́сь вы́писать её по Интерне́ту.
A : А ты слы́шал, что в райо́не Акихаба́ра продаю́т накле́йки с ру́сскими бу́квами? Ты бы попро́бовал прикле́ить их на клавиату́ру.
B : Я уже́ про́бовал – они́ бы́стро откле́иваются.

A：ロシア語のキーボードは買ったの？
B：いや。街中を探しまわったんだけど、結局見つからなかった。だから、インターネットで取り寄せるしかなかったよ。
A：秋葉原にロシア文字のシールが売ってるのを聞いたことある？ キーボードに貼ってみたらよかったのに。
B：もうやってみたんだけど、シールがすぐ剥がれちゃうんだ。

A : Опла́та телефо́на и кварти́ры произво́дится автомати́чески с моего́ ба́нковского счёта, но ча́сто случа́ется, что де́нег на нём нет. Мне ничего́ не остаётся, кро́ме как найти́ подрабо́тку.
B : Тогда́ тебе́ ну́жно найти́ рабо́ту в ночно́е вре́мя, ведь в Япо́нии за неё непло́хо пла́тят.
A : Нет, не хочу́. У меня́ нару́шится гра́фик сна.
B : Ты хоть понима́ешь, в каку́ю ситуа́цию ты попа́л? Сейча́с ты не мо́жешь выбира́ть.

A：電話料金と家賃は銀行口座から自動的に引き落とされるんだけど、お金入っていないことがよくあるんだ。バイトを見つけるしかないな。
B：だったら夜勤の仕事を見つけなきゃね。日本では夜勤はペイがいいからね。
A：いや、やりたくないな。睡眠のリズムが崩れる。
B：自分がどんな状況に陥ってるかわかってるの!? 今、きみは選んでられないんだよ。

(32) ①а что, е́сли *кому́* попро́бовать + 動詞
②а мо́жет быть, *кому́* попро́бовать + 動詞
〜してみたら（どうだろう）

解説・用法

伴う動詞は不定形。動作主体は与格で表す。①は、②よりも何かをするよう勧める意味が強い。

① а что, е́сли *кому́* попро́бовать + 動詞

[例] А что, е́сли тебе́ попро́бовать приня́ть уча́стие в ко́нкурсе ру́сского языка́?
[訳] ロシア語コンクールに出てみたらどう？

[例] A：Что́-то не получа́ется установи́ть э́ту програ́мму. Стра́нно.
B：А что, е́сли тебе́ попро́бовать спроси́ть у Са́ши? Он хорошо́ разбира́ется в компью́терах.
[訳] A：なぜかこのプログラムをインストールできない。変だなあ。
B：サーシャに聞いてみたら？ 彼、パソコンに詳しいから。

② а мо́жет быть, *кому́* попро́бовать + 動詞

[例] A：Как мо́жно улу́чшить на́выки ауди́рования?
B：А мо́жет быть, вам попро́бовать слу́шать по ра́дио но́вости на ру́сском языке́?
[訳] A：どうやったらリスニング力を伸ばせるでしょう？
B：ラジオでロシア語のニュースを聴いてみたらどうですか？

例文

A：Е́сли ты за́втра бу́дешь свобо́ден, встре́ть, пожа́луйста, в аэропорту́ моего́ дру́га из Росси́и. Меня́ не отпуска́ют с рабо́ты, а он никогда́ не́ был в Япо́нии.
B：Хм, не зна́ю. Я ведь не о́чень хорошо́ говорю́ по-ру́сски. А мо́жет быть, тебе́ попро́бовать попроси́ть Дзю́на. Он же свобо́дно владе́ет ру́сским.

A：もし明日暇だったら、空港で友達のロシア人を迎えに行ってくれないかな。ぼくは仕事で抜けられないんだ。彼は日本に来たこと一度もないし。
B：うーん、どうしよう。ぼくはロシア語があまり話せないからさ。淳に頼んでみたら？ 彼はロシア語自由に使えるからね。

A : На рабо́те я допусти́л ужа́сную оши́бку – я отпра́вил не тот това́р, кото́рый зака́зывал клие́нт. Бою́сь, что меня́ тепе́рь уво́лят!
B : Не пережива́й. Все ошиба́ются, и в э́том нет ничего́ стра́шного.
A : Но у меня́ э́то не пе́рвый про́мах, и поэ́тому не́которые ста́ли меня́ про́сто игнори́ровать.
B : Да? А что, е́сли тебе́ попро́бовать поиска́ть другу́ю рабо́ту?

A：仕事でひどいミスをしてしまった。お客さんが注文したのと違う商品を送ってしまったんだ。クビになっちゃうかな。
B：心配しないの。みんなミスするんだから、そんなのたいしたことないよ。
A：でも、これが初めてのへまじゃないんだよな。だからぼくのことを完全に無視するようになった人もいるんだ。
B：そうなの？ 他の仕事を探したらどう？

CD 32

A : До обе́да у меня́ заня́тия, а пото́м совсе́м не́чего де́лать. Сижу́, скуча́ю.
B : Повторя́й про́йденный материа́л или де́лай дома́шнее зада́ние.
A : Всё равно́ вре́мени остаётся мно́го. Я не ожида́л, что на стажиро́вке бу́дет так ску́чно.
B : А что, е́сли тебе́ попро́бовать дава́ть уро́ки япо́нского языка́ в университе́те? Там сейча́с и́щут япо́нца на ме́сто преподава́теля-почасовика́.

A：午前は授業があるけど、そのあとはまったくやることがない。暇しているよ。
B：やり終えた教材の復習をやるか、宿題をやりなよ。
A：どっちみち時間はたくさん余るんだ。留学がこんなに退屈になるとは思わなかったよ。
B：大学で日本語の授業をしてみたらどう？ 今、非常勤講師をしてくれる日本人を探してるよ。

(33)
① (ча́сто) быва́ет, что...
② 単 語 (ча́сто) быва́ет
① ～ことは(よく)ある　② ～は(よく)ある

解説・用法

①は従属文を伴う。"так"を添え、"(ча́сто) быва́ет так, что..."になることがある。②は、単 語 の部分に名詞、"так"、"тако́е"などを置く。

① (ча́сто) быва́ет, что...

[例] Быва́ет, что студе́нты ка́федры ру́сского языка́ на четвёртом ку́рсе не мо́гут предста́виться по-ру́сски.
[訳] ロシア語学科の四年生がロシア語で自己紹介できないことがある。

[例] Ча́сто быва́ет так, что люде́й объединя́ет злосло́вие, так как о́бщий враг укрепля́ет дру́жбу.
[訳] 悪口が人を結束させることはよくある。共通の敵は友情を強固にするからだ。

② 単 語 (ча́сто) быва́ет：単 語 には "так"、"тако́е" がくることが多い

[例] Неуже́ли тако́е быва́ет?
[訳] 本当にこんなことってあるの？

[例] Вчера́ она́ люби́ла, а сего́дня уже́ разлюби́ла – в жи́зни так ча́сто быва́ет.
[訳] 昨日は愛していたけど、今日はすでに愛が冷めている。人生にそういうことはよくある。

例 文

🎧CD 33

A : У нас на ка́федре ру́сского языка́ в пе́рвом семе́стре быва́ет по шесть экза́менов. И во второ́м то́же шесть!
B : Ничего́ себе́! С ума́ мо́жно сойти́!
A : Ну, вот поэ́тому ча́сто быва́ет так, что студе́нты броса́ют университе́т или перехо́дят на другу́ю ка́федру.

A：ぼくたちのロシア語学科には前期に6つも試験がある。後期も6つあるんだよ！
B：驚いた。頭がおかしくなりそうだね。
A：そんなわけで学生が退学や転部することがよくあるんだ。

CD 33

A : Я опя́ть попыта́лась сдать экза́мен по ру́сскому языку́ на пе́рвый у́ровень, но и втора́я попы́тка была́ безуспе́шной.
B : Ничего́. У всех быва́ют неуда́чи.
A : Но э́то уже́ был второ́й раз. Я сно́ва убеди́лась в свое́й безда́рности.
B : Да ну! Мо́жет, э́то сла́бое утеше́ние, но говоря́т же, что на оши́бках у́чатся.

A：またロシア語一級試験にチャレンジしたんだけど、2回目の挑戦も失敗したの。
B：どうってことないさ。失敗は誰にでもあることだよ。
A：でも、これ、2回目だからね。自分の才能の無さを再確認したわ。
B：違うって。気休めかもしれないけど、失敗から学べるって言うでしょ。

A : Что тако́е "Золота́я неде́ля"?
B : Э́то череда́ пра́здников и выходны́х дней в конце́ апре́ля и в нача́ле ма́я.
A : М-м, поняла́. А с како́го числа́ она́ начина́ется?
B : Обы́чно с два́дцать девя́того апре́ля и продолжа́ется по пя́тое ма́я. Но год на год не прихо́дится. Кста́ти, ча́сто быва́ет, что во вре́мя Золото́й неде́ли не рабо́тают банкома́ты. Так что лу́чше снять де́ньги зара́нее.

A：ゴールデンウィークって何？
B：4月の終わりと5月の初めにある、まとまった祭日と休日のことさ。
A：へぇ、なるほど。何日から始まるの？
B：普通は4月の29日から5月の5日まで続く。でも年ごとに違うね。ところで、GW中はATMがやってないことがよくあるから、先にお金おろしておいた方がいいよ。

(34) дава́й я… / дава́йте я…
（私が）～しようか / ～しましょうか

解説・用法

自分の行為を相手に提案するときに使われる。"**ты**"で話す相手には"**дава́й я…**"、"**вы**"であれば"**дава́йте я…**"を用いる。

■ дава́й я… / дава́йте я…

[例] Дава́й я тебе́ перезвоню́ с дома́шнего телефо́на. Э́то деше́вле.
[訳] 家の電話からかけなおそうか。その方が安いよ。

[例] Дава́йте я вам помогу́.
[訳] 手伝いましょうか。

[例] Дава́й я бу́ду твои́м ги́дом. Я тебе́ покажу́ наш го́род.
[訳] 私がガイドになろうか。私たちの街を案内するよ。

例文

A : Мне иногда́ так хо́чется съесть га́мбургер.
B : Дава́й я тебя́ угощу́.
A : Нет, спаси́бо. У меня́ есть де́ньги – про́сто я стара́юсь возде́рживаться от вре́дной еды́.

A：ときどきハンバーガーが食べたくてしょうがないことがある。
B：ぼくがおごろうか。
A：いや、いいよ。ありがと。お金はあるけど、体に悪い食べ物は控えるようにしているんだ。

CD 34

A : Дава́й я тебя́ сфотографи́рую☆ на па́мять.
B : Спаси́бо. Тогда́ сфотографи́руй меня́ на фо́не вот э́того зда́ния и в по́лный рост.
A : Хорошо́. Улыба́йся! Раз, два, три!
B : Хорошо́ получи́лось? Дава́й тепе́рь вме́сте сфотографи́руемся.
A : Нет, не на́до. Я пло́хо получа́юсь на фо́то.

A：記念にきみの写真を撮ろうか。
B：ありがとう。それじゃあ、ほらそこの建物をバックに、あと全身が入るように撮って。
A：いいよ。笑って。1、2、3！
B：うまく撮れた？今度は一緒に写真撮ろうよ。
A：いや、いいよ。私、写真うつり悪いから。

A: Я не о́чень хорошо́ понима́ю моде́ль предложе́ния "тари". Объясни́ мне, пожа́луйста.
B: Ну, э́та моде́ль употребля́ется при перечисле́нии не́скольких де́йствий. Дава́й я приду́маю приме́ры с её испо́льзованием.
A: Нет-нет, снача́ла я сама́ попро́бую приду́мать.
B: Хорошо́. Пото́м покажи́ мне твои́ приме́ры, и мы вме́сте их прове́рим.

A：「〜たり」という文型がよくわからないの。説明してくれないかな。
B：えっとね、この文型はいくつかの行動を列挙する時に使うんだ。この文型を使った例文をぼくが考えようか。
A：いやいや、最初は自分で考えてみる。
B：わかった。後でその例文を見せてね。そして一緒にチェックしよう。

CD 34

A: Как же мне уже́ надое́ло иска́ть незнако́мые слова́ в словаре́! Почему́ не продаю́т электро́нные словари́ ру́сского языка́?
B: Как же? Неда́вно их на́чали выпуска́ть! А ты что, не знал? Дава́й я тебе́ подарю́? Как раз ско́ро твой день рожде́ния.
A: Не на́до. Э́то, наве́рное, до́рого. Я сам куплю́.
B: Да не на́до тебе́ самому́ покупа́ть! Я куплю́! Ведь ты для меня́ сто́лько всего́ сде́лал!

A：辞書で知らない単語を引くのにもううんざりだ。なんでロシア語の電子辞書は売ってないんだろ。
B：何でさ、最近、発売され始めたよ。何、知らなかったの？ プレゼントしようか？ ちょうどきみの誕生日もうすぐだし。
A：いいよ、たぶん高いんでしょ。自分で買うよ。
B：自分で買わなくていいって。ぼくが買ってあげるよ。だってきみはいろいろとしてくれたからね。

(35) всё + 比較級（и 比較級）
ますます〜になる、〜一方だ

解説・用法

　ある事象の傾向や状態が強まっていくことを伝える。"всё" に伴われる副詞・形容詞は比較級にし、"и" を挟み、2回続ける（2つ目の副詞・形容詞は省略することがある）。

■ всё + 比較級（и 比較級）

[例] Дни становятся всё короче.
[訳] 日がどんどん短くなっていく。

[例] С годами время летит всё быстрее и быстрее.
[訳] 年を取るにつれて時間の流れがどんどん速くなる。

[例] Люди стали всё чаще и чаще обходиться без завтрака.
[訳] 人はますます朝食を抜くことが多くなってきた。

例文

A: Почему ты ушёл с работы?
B: С тех пор, как был запущен новый проект, работа становилась всё более и более напряжённой. И я работал почти без выходных. В какой-то момент я понял, что это ненормально и решил сменить работу.
A: Тоже вариант. Но сейчас найти работу не так уж и просто.
B: Знаю. Но всё-таки я хочу жить полной жизнью.

A：どうして仕事をやめたの？
B：新しいプロジェクトが始まってから、仕事がどんどんきつくなってきてね。それでぼくはほとんど休日なしで働いたんだ。あるとき、こんなの普通じゃないと思って、仕事を替えることにしたんだ。
A：それもありだけど、いま仕事見つけるのはそんなに簡単じゃないよ。
B：わかってる。でもやっぱり満たされた生活がしたいんだ。

A : Что бы я ни де́лал, у меня́ ничего́ не получа́ется. И из-за стре́сса я всё бо́льше и бо́льше пью! Я зако́нченный неуда́чник…
B : Сно́ва ты за своё! Всё бу́дет норма́льно. Верь в свою́ звезду́.
A : Мне бы твой оптими́зм.
B : А ты сам поду́май. С кем прия́тнее обща́ться: с пессими́стом или с оптими́стом? Вот и де́лай вы́воды.

A：何をやってもうまくいかない。ストレスで酒の量は増える一方。俺、おわってるな。
B：またかよ！ 大丈夫だから。自分の幸運を信じなって。
A：きみみたいに楽観的だったらな。
B：考えてみて、悲観主義者と楽観主義者のどっちとつき合った方が気分がいい？ ほら、答えを出してみなよ。

A : Число́ люде́й, страда́ющих депре́ссией, стано́вится в Япо́нии всё бо́льше и бо́льше.
B : Да… В на́ше вре́мя все легко́ впада́ют в депре́ссию.

A：日本では鬱病に苦しむ人の数がどんどん増えている。
B：うん。ぼくたちの時代、誰でも簡単に鬱病になりうるよね。

A : Ско́лько лет твое́й соба́ке?
B : Не зна́ю. Мы подобра́ли её на у́лице.
A : Никогда́ не ду́мал, что кто́-то мо́жет вы́бросить поро́дистого би́гля!
B : Сейча́с нере́дко дома́шних живо́тных выбра́сывают на у́лицу. Лю́ди обраща́ются с ни́ми всё ху́же и ху́же.

A：きみの犬は何歳？
B：わからないんだ。外で拾ったからね。
A：ビーグル犬を捨てる人がいるとは思わなかったな。
B：いまペットが捨てられているのは珍しくない。扱い方がどんどん悪くなっている。

(36) ① скорее A, чем B ② не A, а скорее B
① BというよりむしろA ② AというよりむしろB

解説・用法

AとBの位置には、文の構造的に同じ要素がくる。
- [例] Иванов скорее журналист, чем писатель.
- [訳] イワノフ氏は作家というよりジャーナリストだ。
- [例] Петрова не художница, а скорее иллюстратор.
- [訳] ペトロワ氏は画家というよりむしろイラストレーターだ。

① скорее A, чем B

- [例] Оля тебя любит скорее болезненно, чем страстно.
- [訳] オーリャはきみを熱烈というよりむしろ病的に愛してるよ。

- [例] Вокалист этой группы скорее кричит, чем поёт.
- [訳] このグループのボーカルは、歌っているというよりむしろ叫んでいる。

② не A, а скорее B

- [例] Я устал не физически, а скорее морально.
- [訳] 肉体的というよりむしろ精神的に疲れた。

- [例] Этот фильм рассказывает не о любви, а скорее о дружбе.
- [訳] この映画の主題は、愛というよりむしろ友情についてだ。

例文

A: На кого ты больше похож, на папу или на маму?
B: Говорят, что на обоих. Но я думаю, что скорее на маму, чем на папу. А ты на кого?
A: Даже не знаю. Ты ведь видел моих родителей? Как тебе показалось?
B: По-моему, ты не похож ни на папу, ни на маму.

A：きみはお父さんとお母さん、どっちによく似ている？
B：両方に似ているって言われるけど、父さんよりむしろ母さんに似ていると思うな。きみはどっち？
A：わからないよ。ぼくの親を見たことがあるよね？ どう見えた？
B：きみはお父さんにもお母さんにも似てないと思うな。

A: Сто́лько у него́ тала́нтов! Игра́ет на ра́зных инструме́нтах, прекра́сно поёт, пи́шет тро́гательные любо́вные рома́ны. Он – ге́ний!
B: Нет, он не ге́ний, а скоре́е про́сто трудолюби́вый челове́к. Он всего́ дости́г свои́м трудо́м.
A: Но, по-мо́ему, одни́х уси́лий ма́ло. Не будь он спосо́бным от приро́ды, у него́ ничего́ не получи́лось бы.

A：彼はなんて多才なんだろう。いろんな楽器を演奏するし、歌はすごくうまいし、感動的な恋愛小説も書く。彼は天才だ。
B：いや、彼は天才というより努力家なんだ。独力で全て成し遂げたのさ。
A：でも努力だけじゃたりないと思う。生まれつき才能がなかったら、全然うまくいっていなかったさ。

CD 36

A: Ты не потеря́л связь с Ми́ки? Она́ уе́хала в Росси́ю на стажиро́вку ме́сяц наза́д и соверше́нно пропа́ла.
B: Мы с ней перепи́сываемся, а что?
A: Да ничего́, про́сто интере́сно, как у неё дела́. Она́ хорошо́ у́чится?
B: Нет, похо́же, что она́ пое́хала скоре́е развлека́ться, чем учи́ться. По ноча́м хо́дит на дискоте́ки, а учёба у неё на второ́м пла́не.

A：美樹と連絡を取ってる？ １ヶ月前にロシアへ留学に行ってからまったく音沙汰がないんだ。
B：メールのやり取りしてるよ。どうして？
A：いや、ただどうしているかなと思って。彼女しっかり勉強してる？
B：してないね。彼女は、勉強というよりむしろ遊びに行ったみたい。夜はナイトクラブに通って、勉強は二の次さ。

(37) что каса́ется кого́-чего́, (то) ...
～に関して言えば、～について言うと

解説・用法

何かの説明を始める・あることに関して意見を述べる時に用いる。生格を伴う。

■ что каса́ется кого́-чего́, (то) ...

[例] Что каса́ется наси́лия в семья́х, то слу́чаи быва́ют дово́льно ра́зные. Наприме́р, лю́ди, са́ми страда́вшие от него́ в де́тстве, мо́гут в дальне́йшем избива́ть свои́х дете́й.
[訳] ドメスティック・バイオレンスに関して言うと、そのケースは多岐に渡る。たとえば、幼年時代に自分も DV で苦しんだ人は、将来、我が子を殴る可能性がある。

[例] Что каса́ется любви́ к родно́й стране́, то в совреме́нной Япо́нии ма́ло тех, кто гото́в отда́ть жизнь за свою́ Ро́дину.
[訳] 愛国心について言うと、今の日本で命を国のために捧げる覚悟がある人は少ない。

[例] Что каса́ется мое́й бу́дущей специа́льности☆, то я профессиона́льно изуча́ю ру́сский язы́к и бу́ду руси́стом. А англи́йский – э́то для меня́ второ́й иностра́нный язы́к.
[訳] 私の専門に関して言うと、ロシア語を専攻しており、将来はロシア語研究者になります。英語は私にとって第二外国語です。

例 文

CD 37

А: Почему́ в Япо́нии на уро́ках иностра́нного языка́ ре́дко прово́дятся диску́ссии на изуча́емом языке́? По-мо́ему, э́то о́чень хоро́шая фо́рма разгово́рной пра́ктики.
В: Да, я то́же так счита́ю. Одна́ко, что каса́ется подо́бных диску́ссий, то в си́лу своего́ национа́льного хара́ктера, япо́нцы скло́нны избега́ть столкнове́ния мне́ний. Поэ́тому диску́ссии получа́ются вя́лыми.

A：なぜ日本の外国語の授業では学んでいる言語でのディスカッションがほとんど行なわれないのですか？とてもいい会話練習の形式だと思うのですが。
B：はい、私もそう思います。でも、そうしたディスカッションに関して言いますと、日本人は国民性がわざわいして意見の衝突を避ける傾向にあります。だから活発なディスカッションにはなりません。

CD 37

A: Какие предметы преподают на вашей кафедре?
B: Ну, что касается нашей основной учебной программы, то русский язык – это обязательный предмет. Занятия по русскому языку включают в себя изучение грамматики, освоение навыков чтения и разговорной речи.
A: У вас очень насыщенная программа. А какие есть факультативные предметы?
B: Со второго курса можно записаться на факультативы по теории перевода и по русской литературе.

A：あなた方の学科ではどんな科目を教えているのですか？
B：私たちのカリキュラムに関して言いますと、ロシア語が必修科目です。ロシア語の授業には文法学習、講読や会話の習熟が含まれています。
A：非常に内容の濃いプログラムですね。では選択科目はどのようなものがあるのですか？
B：二年生から翻訳論とロシア文学の選択科目がとれます。

A: Что касается русского языка, то для японцев он является одним из самых трудных иностранных языков.
B: Да, он очень тяжёлый. Сложным его делает, прежде всего, наличие склонений. Японцам трудно привыкнуть к этому.
A: Знаете, у меня до сих пор падежи плохо укладываются в голове.

A：ロシア語に関して言いますと、日本人にとって最も難しい言語の一つです。
B：ええ、とても難しいですね。ロシア語を複雑にしているのは、何よりも格変化があることですね。日本人はそれに慣れるのに苦労します。
A：ぼくはですね、未だに格変化が頭でうまく整理できません。

(38) ①мо́жет быть ②возмо́жно / возмо́жно, что… ③мочь + 動詞
〜かもしれない、〜可能性がある

解説・用法

①と②は挿入語（②は、従属文を導くことができる）。③は動詞とともに用いられる。

① мо́жет быть

[例] Мо́жет быть, Ива́н с са́мого нача́ла знал, что так полу́чится.
[訳] イワンはこうなることを最初から知ってたのかもしれない。

[例] Мо́жет быть, э́тот профе́ссор не принима́ет рефера́ты, напи́санные от руки́
[訳] あの教授は手書きのレポートを受け取らないかもしれない。

② возмо́жно / возмо́жно, что…

[例] Возмо́жно, ле́том в То́кио на гастро́ли прие́дет ру́сский цирк.
[訳] 夏にロシアのサーカスが東京へ公演に来るかもしれない。

[例] Приближа́ется тайфу́н, и возмо́жно, что за́втра бу́дет отменён рейс по маршру́ту Москва́-То́кио.
[訳] 台風が近づいているので、明日のモスクワ—東京便は欠航する可能性がある。

③ мочь + 動詞

[例] В райо́не То́кио си́льное землетрясе́ние мо́жет произойти́ в любу́ю мину́ту.
[訳] 東京のあたりではいつでも大地震が起きる可能性がある。

[例] Ты простыла? Вы́пей поскоре́е лека́рство! Просту́да мо́жет перерасти́ в серьёзную боле́знь.
[訳] 風邪引いたの？　早く薬飲みなよ。風邪は重い病気になるかもしれないよ。

例文

A: Среди японцев распространено представление, что русские – очень холодная нация. Я тоже так думаю.
B: Может быть, это из-за того, что ты мало общался с русскими. С виду они выглядят холодными, но, если вы подружитесь, то они станут добрыми и сердечными.

A: 日本人の間では、ロシア人はとても冷たい民族だというイメージが強い。ぼくもそう思う。
B: それはきみがロシア人とあまり接したことがないせいかもね。一見冷めたそうだけど、いったん仲良くなれば、優しくて温かい人に変わるよ。

A: В этом общежитии сейчас отключены горячая вода и свет.
B: Это здесь обычное дело. Знаешь, горячую воду могут не давать вплоть до трёх месяцев.
A: Господи! Вот уже прошёл целый месяц, как отключили горячую воду, и всё это время каждое утро я первым делом проверял кран. Мне придётся делать это ещё два месяца!?

A: この寮では今、お湯と電気が止まっているんだ。
B: ここでは普通のこと。お湯が３ヶ月の間出ないこともありえるよ。
A: なんてことだ。もうお湯が止まってからまる１ヶ月経ったけど。その間、毎朝の最初の行動は、蛇口をひねることだった。それをあと２ヶ月もしなきゃいけないの!?

A: Во многих ситуациях решение принимается большинством голосов. Что ты об этом думаешь?
B: Мне это не очень нравится. Возможно, такой способ принятия решений приводит к неправильным выводам.

A: 多く場面で多数決がとり入れられている。これをどう思う？
B: あまり好きじゃないな。こういう決め方は間違った結論を導く可能性がある。

(39) не A, а наоборо́т [напро́тив], B
Aではなく、逆に（むしろ）B

解説・用法

　実際の内容と逆であることを強調する。AとBは文の構造的に同じ要素となる場合が多い。"не то́лько"を添え、"не то́лько не A, а наоборо́т [напро́тив], B"とすると、否定の意味がさらに強まる。

■ не A, а наоборо́т [напро́тив], B

[例] Э́то во́все не пло́хо, а наоборо́т, да́же хорошо́.
[訳] それはまったく悪くないよ。逆に良いくらいだ。

[例] Э́тот фильм совсе́м не стра́шный, а напро́тив, смешно́й.
[訳] この映画は全然怖くない。むしろ笑えるよ。

[例] Мы не смогли́ помири́ться, а наоборо́т, опя́ть поссо́рились.
[訳] 私たちは仲直りできなかった。逆にまた口げんかしたよ。

[例] Не хочу́ де́лать дома́шнее зада́ние вме́сте с Ива́ном. Он не то́лько не помога́ет мне, а наоборо́т, о́чень меша́ет.
[訳] イワンと一緒に宿題したくないな。彼、手伝ってくれるどころか、逆にすごく邪魔してくるの。

[例] Я отка́зываюсь от сла́достей, но мой вес не то́лько не снижа́ется, а напро́тив, я полне́ю.
[訳] 甘いものを食べないようにしているけど、体重は減るどころか、むしろ太ってきた。

例文

A : Оздорови́тельный бег получи́л широ́кое распростране́ние в Япо́нии, и сейча́с мно́гие лю́ди им увлека́ются.
B : Да, да́же пожилы́е, и те бе́гают.
A : Вот э́того я не могу́ поня́ть. Пожилы́м лю́дям бег не то́лько не помога́ет защити́ться от боле́зней, а наоборо́т, вре́ден для се́рдца.

A：健康のためのジョギングが日本で広まって、今、夢中になっている人はたくさんいる。
B：そうだね、老人でも走ってるもんね。
A：それが理解できないんだよね。老人にとって、ジョギングは病気から身を守ってくれるどころか、かえって心臓に悪い。

CD 39

A : Как твой доклад по истории?
B : Даже не спрашивай! Я столько раз переписывал его по совету моего научного руководителя!
A : Ну и как? В итоге доклад получился удачным?
B : Хм, по-моему, он получился не лучше, а наоборот, хуже, чем был сначала. По крайней мере, я им не доволен.

A：歴史のレポートはどう？
B：聞かないでくれ。指導教官のアドバイスで何度も書き直したよ。
A：それで、結果的によく仕上がったの？
B：うーん、出来は良くない。むしろ最初よりも出来が悪くなったと思う。少なくともぼくは満足してないよ。

CD 39

A : Это отличный учебник! Я учу по нему русский язык.
B : Дай посмотреть. Хм, на мой взгляд, он не хороший, а напротив, неудачный, потому что примеры состоят из одного или двух предложений, и в них отсутствует контекст.
A : Но, с другой стороны, пройденный материал легко усваивается, поскольку все фразы сформулированы чётко и ясно.
B : Нет, всё-таки без контекста новые слова и выражения не остаются в памяти.

A：これはすばらしい教科書だ。私はこの教科書でロシア語を勉強してるんだ。
B：見せて。うーん、ぼくの考えだと、この教科書はよくないよ。逆にダメだね。例文は一、二文からできていて、文脈が欠落してるからね。
A：でも一方で、フレーズ全てがはっきりとまとまってるから、やった箇所が身に付きやすい。
B：いや、やっぱり文脈がないと新しい単語や表現は記憶に残らないよ。

(40) ①лишь бы + 動詞 ②лишь бы…
～すればいい、（～さえ）…ならいい、～でさえあれば…

解説・用法

ある条件が満たされれば、それで十分であることを表す。①は、動詞の不定形を伴う。②は文を導く（導かれる文内の動詞は過去形）。

① лишь бы + 動詞

[例] Я готóва почтú ничегó не есть. Лишь бы похудéть.
[訳] ほとんど何も食べない覚悟があるわ。痩せさえすればいいの。

[例] Я могý жить где угóдно, лишь бы быть вмéсте с тобóй.
[訳] きみと一緒にいられるなら、どこにでも住めるよ。

② лишь бы…

[例] Лишь бы у любúмого человéка был хорóший харáктер.
[訳] 恋人は、性格さえよければいいんだ。

[例] Дай мне почитáть какýю-нибудь интерéсную кнúгу. Всё равнó, какýю, лишь бы онá былá на рýсском языкé.
[訳] 何か面白い本貸して。ロシア語ならなんでもいいからさ。

例 文

A : Меня совсéм не интересýют карьéра и зарплáта, лишь бы я мог получáть от рабóты удовóльствие.
B : Ты знáешь, покá ты холостóй, такúе вéщи кáжутся не óчень вáжными. Но, когдá у тебя появится семья, твой взгляд на рабóту изменится, потомý что дéньги необходúмы для стабúльной семéйной жúзни.

A：ぼくは出世と給料に全然興味がない。仕事で満足さえ得られれば。
B：独身のうちはさ、そういうものはあまり重要じゃなく思えるよね。だけど、きみに家族ができたとき、仕事に対する考え方が変わるさ。安定した家庭生活にお金は不可欠だからね。

[А : ロシア人 / В : 日本人]

А : Почему́ на ка́федре ру́сского языка́ мно́гие студе́нты у́чатся спустя́ рукава́?
В : Для япо́нских студе́нтов не ва́жно, что они́ изуча́ют. Лишь бы зако́нчить ВУЗ и получи́ть дипло́м.
А : Вот почему́ о́чень ма́ло тех, кто серьёзно отно́сится к учёбе.

А : なぜロシア語学科の学生の多くはいい加減に勉強してるの？
В : 日本の学生にとって何を勉強しているかは重要じゃないんだ。大学を卒業して、卒業証書がもらえさえすればいいのさ。
А : だから勉強に対して真面目な学生がとても少ないんだね。

А : Ты в са́мом де́ле уме́ешь гото́вить?
В : Пове́рь мне! Я хорошо́ гото́влю! Хотя́ по мне и не ска́жешь.
А : Сомнева́юсь. Всё, что ты гото́вишь, вы́глядит неаппети́тно.
В : Ну да, вы́глядит не о́чень хорошо́. Но э́то не так уж и ва́жно. Лишь бы бы́ло вку́сно!

А : きみは本当に料理できるの？
В : 信じてよ。ぼくは料理上手だから。そうは見えないけどね。
А : どうだろう。きみが作るものはみんなまずそうだよ。
В : まあ、見栄えはあんまりよくないけどね。でもそれはたいして重要じゃないでしょ。美味しければいいんだよ。

А : Кого́ ты бо́льше хо́чешь, ма́льчика или де́вочку?
В : Мне всё равно́, лишь бы ребёнок роди́лся здоро́вым. А ты кого́ хо́чешь?
А : Де́вочку. Потому́ что не хочу́ сы́на, кото́рый был бы похо́ж на меня́.

А : 男の子と女の子どっちの方がほしい？
В : 健康に生まれてくれればどっちでもいいよ。
きみはどっち？
А : 女の子。自分に似てる息子はほしくないからね。

(41)
① здесь [тут] ни при чём
② име́ть отноше́ние к *кому́-чему́* /
  не име́ть отноше́ния к *кому́-чему́*
① 関係がない ② ～と関係がある / ない

解説・用法

①は、主語を置く。②は与格をとる。後に文を導く場合、"к"以下を "к тому́, что… / к тому́, 疑問詞…" などにする。

① здесь [тут] ни при чём

[例] Я здесь ни при чём, че́стное сло́во!
[訳] ぼくは無関係なんだ。本当だ！

[例] Тала́нт тут ни при чём! Нужна́ уве́ренность в себе́. У тебя́ обяза́тельно полу́чится свобо́дно говори́ть по-япо́нски!
[訳] 才能は関係ないよ！ 自分に自信を持たなきゃ。きみは絶対に日本語が自由に話せるようになるさ。

② име́ть отноше́ние к *кому́-чему́* / к тому́, …
  не име́ть отноше́ния к *кому́-чему́* / к тому́, …

[例] Э́та боле́знь не име́ла никако́го отноше́ния к сме́рти отца́.
[訳] この病気は父の死と何の関係もなかった。

[例] У япо́нцев предвзя́тое представле́ние о Росси́и. По-мо́ему, это име́ет непосре́дственное отноше́ние к тому́, что территориа́льная пробле́ма всё ещё остаётся нерешённой.
[訳] 日本人はロシアについて先入観を持っている。これは領土問題が今なお未解決であることに直接関係しているのだと思う。

例 文

CD 41

A : Я так и ду́мал, что у тебя́ пе́рвая гру́ппа кро́ви. Счита́ется, что лю́ди, у кото́рых пе́рвая гру́ппа☆, неаккура́тны.
B : Нет. Характеризова́ть кого́-либо по гру́ппе кро́ви – невозмо́жно. Она́ не име́ет никако́го отноше́ния к поведе́нию челове́ка.

A：きみの血液型はOだと思ったよ。O型の人はだらしないって考えられてるからな。
B：いや、血液型で人を特徴づけるなんて不可能。血液型は人の行動と何の関係もないよ。

CD 41

A : В Японии везде предвзято относятся к иностранцам. Разве это не дискриминация?
B : Я не считаю, что это дискриминация. Тебе только так кажется.
A : А тогда почему продавцы не спускают с меня глаз, когда я захожу в магазин за покупками? Думают, что я что-нибудь украду?
B : Нет, они просто думают, что тебе может понадобиться их помощь. Дискриминация тут ни при чём.

A：外国人は日本ではどこでも先入観を持たれている。これは差別じゃない？
B：ぼくは差別だとは思わないな。気のせいだよ。
A：じゃあ、なぜ私が店へ買い物に行くと、店員は私から目を離さないの？何か盗むと思ってるのかしら？
B：いや、助けが必要かもしれないと思ってるだけさ。差別は関係ない。

A : Почему ты любишь жестокие компьютерные игры?
B : Ну, не знаю. Наверное, человек по своей натуре жесток. Почему ты об этом спрашиваешь?
A : Я не люблю такие игры. Мне кажется, что они подталкивают людей к насилию.
B : Какое отношение они имеют к насилию? Я очень люблю такие игры, но пока никого не убил и даже не собираюсь убивать.

A：どうしてきみは残酷なゲームが好きなの？
B：なんでだろうなあ。たぶん人間は元々残酷なんだろうね。どうしてそんなことを聞くの？
A：私はそういうゲームが嫌いなの。人を暴力へと促す気がするんだ。
B：暴力とどんな関係があるの？ぼくはそういうゲームがすごく好きだけど、今まで誰も殺したことないし、殺すつもりもないね。

(42)

① не́которые (+ 名詞) … / есть + 人を表す名詞, …
② одни́…, а други́е…
①〜人もいる ②〜人もいれば、〜人もいる

解説・用法

①は、多くの人とは意見や行動が異なる人のことを表す。"не́которые" は後に名詞が置ける（例：не́которые студе́нты）。"人を表す名詞" を "лю́ди" として、"есть лю́ди, кото́рые" とつなぐことが多い。②は、違う行動をとったり、異なる考え方を持つ人がいる場合などに使う。

① не́которые (+ 名詞) … / есть + 人を表す名詞, …

[例] Не́которые (молоды́е лю́ди) счита́ют, что знако́мство по Интерне́ту – э́то оди́н из спо́собов найти́ себе́ дру́га.
[訳] インターネットを使った出会いを友達探しの手段の一つと考える人（若者）もいる。

[例] Есть ру́сские, кото́рые с удово́льствием едя́т натто́.
[訳] 喜んで納豆を食べるロシア人もいる。

② одни́…, а други́е…

[例] Нет в ми́ре справедли́вости! Одни́ от рожде́ния бога́ты, а други́е – бе́дны.
[訳] 世の中不公平だ！生まれによって裕福だったり貧乏だったり。

[例] Одни́ лю́бят у́мственный труд, а други́е физи́ческий.
[訳] 頭脳労働が好きな人もいれば、肉体労働が好きな人もいる。

例文

A: Пробле́ма в том, что мно́гие япо́нцы, осо́бенно молоды́е, не ви́дят в самоуби́йстве ничего́ плохо́го.
B: Да. Есть лю́ди, кото́рые да́же ве́рят, что суици́д – еди́нственный вы́ход из тру́дной жи́зненной ситуа́ции.
A: Э́то же глу́пость! Хотя́ я понима́ю, что лю́ди не ви́дят смы́сла в жи́зни, но всё-таки на́до заста́вить себя́ пережи́ть тру́дности.

A：多くの日本人、特に若者が自殺の何が悪いのかをわかっていないことが問題だ。
B：そうだね。自殺は人生の辛い状況からの唯一の出口だって信じる人もいるからね。
A：まったく馬鹿げているよ。人生に意味を見いだせないのはわかるけど、それでもやっぱり困難を乗り越えられるようにしなきゃ。

CD 42

A : В университете во время занятий одни спят, а другие шлют сообщения по телефону. Прямо детский сад какой-то!
B : На месте лекторов я бы бил указкой таких студентов.
A : Нет, это уж слишком! Я просто выставлял бы их за дверь.

A：大学の授業中、寝ている人もいれば、携帯でメールをしている人もいる。これじゃ幼稚園みたいだな。
B：もしぼくが講師の立場だったら、そんな学生はポインターでひっぱたいてるよ。
A：いや、それはやりすぎだ。ぼくならたんに教室から追い出すね。

CD 42

A : Я хочу зарегистрироваться в социальной сети. Что лучше использовать, настоящее имя или псевдоним?
B : Некоторые регистрируются под настоящим именем, но большинство под псевдонимом.
A : Почему люди скрывают своё настоящее имя?
B : Потому что кто-нибудь может привязаться к тебе, и тебе трудно будет от него отделаться. Кроме того, многие с самого начала не хотят, чтобы те, с кем они не в очень хороших отношениях, заходили на их сайты.

A：ソーシャル・ネットワーキングサイトに登録したいんだ。本名と偽名のどっちを使った方がいいかな？
B：本名で登録する人もいるけど、大多数は偽名だね。
A：なぜ本名を隠すの？
B：誰かがきみにからんでくるかもしれない。そしたらその人を避けるのが難しくなるかもね。それに、あまり仲の良くない人が自分のサイトを見にくるのをそもそも嫌がる人も多いね。

(43) де́ло в том, что…
実は～（ということだ）

解説・用法

相手の質問や話の内容に対し、「実は」と切り出して説明するときなどに使われる。従属文を導く。

■ де́ло в том, что…

[例] A : Юки двух слов не мо́жет связа́ть по-ру́сски, но при э́том у неё о́чень хоро́шее произноше́ние.
B : Де́ло в том, что в де́тстве она́ жила́ в Росси́и.
[訳] A : 有希はロシア語でろくに話ができない。そのくせ発音はとてもきれいなんだ。
B : 実は彼女、子供の頃、ロシアに住んでいたんだ。

[例] A : Я ду́мал, ты ещё в Росси́и. Не вы́держал и верну́лся ра́ньше?
B : Де́ло в том, что сконча́лся оди́н мой бли́зкий ро́дственник по ма́тери, и я прие́хал на его́ по́хороны.
[訳] A : きみはまだロシアにいると思っていた。我慢できなくて早めに帰ってきたの？
B : 実は母方の親しい親戚が亡くなってしまって、お葬式に出るために帰ってきたんだ。

例文

A : В после́днее вре́мя О́ля живёт на широ́кую но́гу. Отку́да у неё таки́е де́ньги?
B : Зна́ешь, де́ло в том, что она́ вы́шла за́муж за о́чень состоя́тельного челове́ка, и тепе́рь у неё начала́сь "сла́дкая" жизнь.
A : А-а, ну э́то хоро́шее свиде́тельство того́, что всё в жи́зни зави́сит от де́нег.
B : Ну да, гру́бо говоря́, де́ньги реша́ют всё.

A：最近、オーリャは金遣いが荒い。どこからあんなお金が？
B：実は彼女すごく裕福な人と結婚したんだ。今じゃ楽な生活してるよ。
A：ああ、まあ人生何でも金次第だといういい証拠だね。
B：まあね。荒っぽい言い方すれば、金で何でも決まるからね。

A : Как же у меня раскалывается голова.
B : Слушай, а у меня как раз есть таблетки от головной боли. Вот, держи.
A : Спасибо. Но дело в том, что раньше я часто принимала это лекарство, и теперь оно мне не помогает.

A：ああ、頭がずきずきする！
B：ねえ、私、ちょうど頭痛薬もってるよ。ほら、あげる。
A：ありがと。でも、実は昔この薬をよく飲んだから、今は効かないの。

CD 43

A : Я сдавал экзамен по русскому языку и провалился. Всего сорок баллов!
B : Почему? Ты же нормально говоришь по-русски.
A : Дело в том, что экзамен был не только устный, но и письменный. А с грамматикой у меня не всё гладко.

A：ロシア語の試験を受けて、落としたよ。たったの40点だ。
B：どうして？ 十分ロシア語を話せるじゃん。
A：実は試験は会話だけじゃなくて、筆記もあったんだ。文法が足をひっぱっててさ。

CD 43

A : Наконец-то до тебя дозвонился. Чего ты не берёшь трубку?
B : Извини, я был занят. Дело в том, что мы со знакомыми ставим спектакль и сейчас как раз репетируем. Через две недели будет премьера. Если хочешь, приходи.

A：やっと電話がつながった。なんで電話出ないの？
B：ごめん、忙しかったんだ。実は、知り合いと芝居をしていて、今ちょうど練習をしてるんだ。2週間後に初演だよ。よかったら来てね。

(44) тем бо́лее, (что) …
(しかも)〜ならなおさらだ、ましてや〜だ

解説・用法

前の文や文章の内容を "тем бо́лее, (что)" 以下で強調する。

■ тем бо́лее, (что) …

[例] Я не хочу́ идти́ на э́ту вечери́нку, тем бо́лее, там не бу́дет А́нны.
[訳] その飲み会には行きたくないな。アンナが来ないならなおさらだ。

[例] Я с нетерпе́нием жду пое́здки в Москву́, тем бо́лее, что я никогда́ не была́ в Росси́и!
[訳] モスクワ旅行が待ち遠しい。ロシアに一度も行ったことがないからなおさらだわ。

例文

[A：ロシア人 / B：日本人]
A：Я живу́ в двух часа́х езды́ от университе́та, поэ́тому хочу́ снять кварти́ру побли́же, где́-нибудь в це́нтре То́кио.
B：Но, как изве́стно, иностра́нцам о́чень ре́дко сдаю́т кварти́ры, тем бо́лее, что ты ещё студе́нт.
A：Я зна́ю. Тогда́ что же мне де́лать?
B：Тебе́, наве́рное, ну́жен гара́нт – я то́чно не зна́ю. На́до спроси́ть в аге́нтстве по недви́жимости.

A：ぼくは大学から2時間の所に住んでいるんだ。だからもっと近くに、東京の中心部のどこかにアパートを借りたいな。
B：でも知っての通り、外国人にはめったにアパートを貸してくれないんだよな。ましてやきみはまだ学生だし。
A：知ってるよ。で、一体どうしたらいいのさ？
B：たぶんきみには保証人が必要だね。正確にはわからないや。不動産屋に聞いてみないと。

A : Роди́тели Ми́ны не хотя́т отпуска́ть её на стажиро́вку в Росси́ю.
B : Есте́ственно. Она́ же еди́нственная дочь. На их ме́сте я бы то́же не разреши́л ей учи́ться за грани́цей, тем бо́лее, что в Росси́и небезопа́сно.
A : Ну, вообще́-то там не так уж опа́сно, как э́то ка́жется. Ду́маю, не сто́ит волнова́ться.

A：美菜の親は彼女をロシア留学へ行かせたがらないんだ。
B：当然さ。美菜は一人娘なんだから。もしぼくが親の立場でも留学は許さないよ。ロシアは治安が悪いからなおさらだ。
A：いや、実は思ってるほど危なくないよ。心配しなくていいと思うな。

A : Я ещё пло́хо воспринима́ю на слух но́вости на ру́сском языке́.
B : Э́то есте́ственно. В новостя́х быва́ют сло́жные слова́, тем бо́лее, что ру́сские ди́кторы чита́ют текст о́чень бы́стро.
A : Осо́бенно пло́хо я ула́вливаю чи́сла.
B : Че́стно говоря́, у меня́ то́же пробле́мы с аудирова́нием. При э́том трудне́е всего́ понима́ть на слух числи́тельные.

A：ぼくはまだロシア語のニュースがうまく聞き取れないんだ。
B：当然だよ。ニュースには難しい単語が出てくるからね。しかもロシア人のアナウンサーはテキストをすごく早く読むからなおさらさ。
A：数字についていくのが特に苦手。
B：実を言うと、ぼくも聞き取りに問題があるんだ。それで一番難しいのは数詞の聞き取りだな。

A : У меня́ к тебе́ про́сьба. Но э́то мо́жет заня́ть☆ мно́го вре́мени.
B : Не стесня́йся, говори́. Мне не жа́лко вре́мени для свои́х друзе́й, тем бо́лее, что ты то́же мне всегда́ помога́ешь.

A：頼みたいことがあるんだけど、けっこう時間がかかるかもしれないんだ。
B：気にしないで言ってよ。友達のために時間は惜しまないよ。きみだっていつも僕を助けてくれるんだからなおさらさ。

(45) с одно́й стороны́, …, с друго́й стороны́, …
～一方で、… / 一方で～、他方で…

解説・用法

ある事象や状況の対比を表す。挿入語として使用。"с одно́й стороны́" や "с друго́й стороны́" の "стороны́" を省略することがある。"с друго́й стороны́" の前に "а" や "но" を伴う場合が多い。

■ с одно́й стороны́, …, с друго́й стороны́, …

[例] С одно́й стороны́, э́то хорошо́, с друго́й – пло́хо.
[訳] それはいい一方で悪くもある。

[例] Мно́гие иностра́нцы без ума́ от "анимэ́", но, с друго́й стороны́, мно́гие япо́нцы к ним не о́чень хорошо́ отно́сятся.
[訳] アニメに夢中の外国人はたくさんいるが、一方で多くの日本人はアニメのことをあまりよく思っていない。

[例] С одно́й стороны́, я не смог спра́виться с э́тими перегово́рами, так как у меня́ не хвати́ло о́пыта рабо́ты перево́дчиком, а с друго́й стороны́, я понима́ю, что пе́рвый блин ча́сто быва́ет ко́мом.
[訳] 一方で、私には通訳として働いた経験が足りないので、この交渉をこなすことができなかったが、他方では、失敗は成功の元だということをわかっている。

例文

CD 45

A: Я чу́вствую, что И́ра от меня́ что́-то скрыва́ет, и э́то меня́ немно́жко раздража́ет.
B: Что в э́том плохо́го? Де́вушки все таки́е! Как говори́тся, у ка́ждого есть своя́ та́йна.
A: Ну да, хотя́, с друго́й стороны́, неприя́тно ви́деть, когда́ друг или люби́мый челове́к де́ржит что́-то в секре́те.
B: Согла́сен, но не́которые ве́щи лу́чше не знать.

A：イーラが何かを隠している気がして、それに少しいらいらするんだ。
B：それの何が悪いの？ 女の子はみんなそう。秘密は誰にでもあると言うよ。
A：まあね。けど一方で友達や恋人が何か秘密にしているのを見るのは気持ちよくないよ。
B：そうだね。でも知らない方がいいこともある。

CD 45

A : Я не люблю́ э́ту учи́тельницу. Она́ сли́шком стро́гая и вре́дная.
B : Хм, по-мо́ему, у тебя́ оши́бочное представле́ние о ней. С одно́й стороны́, она́ действи́тельно стро́го отно́сится к студе́нтам, но, с друго́й стороны́, и́скренне пережива́ет за них и де́лает для них мно́го хоро́шего.
A : Да, но то́лько для си́льных студе́нтов. А я-то в числе́ отстаю́щих. Поэ́тому она́ меня́ про́сто игнори́рует.
B : Слу́шай, на её ме́сте я бы то́же не обраща́л внима́ния на таки́х студе́нтов, как ты. Ведь ты да́же уче́бники не прино́сишь!

A：ぼくはあの先生が嫌いだ。厳しくて、意地悪すぎる。
B：うーん、きみは先生を誤解してるんだと思う。確かに厳しく学生に接する。でも一方で、心から心配して、たくさんいいことをしてくれるよ。
A：うん。でもできる学生に対してだけだけど。ぼくなんかはできない方だから、先生は完全に無視してるんだ。
B：いいかい、ぼくが彼女の立場でもきみみたいな学生に気ははらわないよ。だって教科書すら持ってこないじゃないか。

A : С одно́й стороны́, в э́том посо́бии есть мно́го хоро́ших приме́ров. С друго́й стороны́, не объясня́ется грамма́тика.
B : Но э́то посо́бие предназна́чено для студе́нтов продви́нутого у́ровня, кото́рые хотя́т соверше́нствовать свои́ на́выки разгово́рной ре́чи. Поэ́тому в нём не уделя́ется осо́бого внима́ния грамма́тике.

A：この参考書にはいい例文がたくさんある一方で、文法説明がない。
B：でもこの参考書は会話の力をブラッシュアップしたい上級の学生向けだよ。だから文法にそれほど重点は置かれていないんだよ。

(46) (уж) éсли и + 動詞…, то…
(もし)～するなら…

解説・用法

"(уж) éсли и" の後には動詞の不定形がくる。そして "то" 以下で、内容を特定・確認する (①)。

встречáться с богáтым (お金持ちとつき合う)
⇒ Éсли и встречáться, то с богáтым. (つき合うならお金持ちだ)

条件 (éсли) の要素を "то" 以下でより具体的に表わすことも可 (②)。

учи́ться в Росси́и (ロシアで勉強する)
⇒ Éсли и учи́ться в Росси́и, то в Москвé. (ロシアで勉強するならモスクワだ)

■ (уж*) éсли и + 動詞…, то…   *"уж" は強調

[例] Éсли и покупáть компью́тер, то в райóне Акихабара.
[訳] パソコンを買うなら秋葉原だ。
　　*元の文：покупáть компью́тер в райóне Акихабара.   ①-□

[例] Уж éсли и признавáться в любви́, то гля́дя в глазá.
[訳] もし告白するなら、面と向かってだね。
　　*元の文：признавáться в любви́, гля́дя в глазá.   ①-□

[例] Éсли и изучáть инострáнный язы́к, то ру́сский. Я увéрен, что в ближáйшем бу́дущем он полу́чит широ́кое распространéние.
[訳] 外国語を勉強するならロシア語だ。近い将来、絶対に広く普及する。
　　*繰り返しの部分：инострáнный язы́к と ру́сский (язы́к)   ②-□

例文

A : Пойдём в кино́. Вчерá на экрáны вы́шел но́вый фильм.
B : Америкáнский, да? Éсли и смотрéть фильм, то япóнский. Мне не нрáвится то, что в америкáнских фи́льмах покáзывают мно́го наси́лия.
A : А я не óчень люблю́ япóнские фи́льмы. Они́ все ску́чные, и от них меня́ кло́нит в сон.

A：映画に行こうよ。昨日新しい映画が公開されたんだ。
B：アメリカのでしょ？ 映画を見るなら、日本のだな。アメリカ映画は暴力シーンが多いから好きじゃない。
A：ぼくは日本映画があまり好きじゃないな。どれも退屈で、眠気を催すよ。

A：Как ты думаешь, какой mp3 плеер лучше купить?
B：По-моему, уж если и покупать mp3 плеер, то обязательно «iPod». Им легко пользоваться, да и редактировать песни не сложно.
A：Все так говорят. Но знаешь, новейшая модель стоит аж сорок тысяч иен. Мне она не по карману.
B：В любом случае, лучше купить хороший mp3 плеер. «iPod» популярен, несмотря на высокую цену. А почему? Потому что он того стоит.

A：どんな MP3 プレーヤーを買ったらいいと思う？
B：ぼくが思うに、MP3 プレーヤーを買うなら、絶対に iPod だよ。使いやすいうえ、曲の編集が楽なんだ。
A：みんなそう言うね。でも最新モデルは4万円もするんだよな。手が届かないよ。
B：いずれにしてもいい MP3 プレーヤーを買った方がいいよ。iPod は値段が高いのになぜ人気があるのかといったら、その価値があるからさ。

A：Поехали куда-нибудь летом? Я бы хотела в Европу.
B：Хм, я не могу. У меня сейчас нет денег, чтобы ехать за границу. Если и путешествовать, то по Японии.
A：Да ладно! До каникул ещё два месяца, и ты можешь скопить достаточно денег на поездку в Европу.

A：夏にどこか行こうよ。ヨーロッパがいいなあ。
B：うーん、無理だね。今、海外に行くお金はないな。旅行するなら、日本だよ。
A：大丈夫！ 休みまで2ヶ月あるからまだ十分ヨーロッパ旅行のお金を貯められるよ。

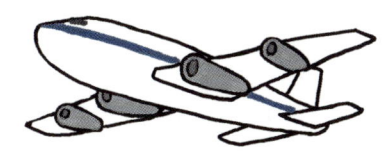

(47) как то́лько… 〜するとすぐに、〜するなり

解説・用法

ある事象の後にすぐ他の事象が起きることを表す。

■ как то́лько…

[例] Как то́лько начало́сь заня́тие, я усну́л.
[訳] 授業が始まってすぐに、眠ってしまった。

[例] Позвони́ мне, как то́лько узна́ешь, бу́дет ли за́втра тест.
[訳] 明日テストがあるかどうかわかったら、すぐに電話して。

[例] Я не могу́ оторва́ться от компью́тера. Как то́лько прихожу́ домо́й, сажу́сь за него́ и не замеча́ю, как наступа́ет у́тро.
[訳] ぼくはパソコンやめられないんだ。家に着くなり、パソコンに向かい始めて、気がつかないうちに朝になっている。

例 文

A：Сего́дня день не зала́дился. У́тром проспа́л и опозда́л на контро́льную. А пото́м ещё с Мари́ной возни́кла пробле́ма.
B：Опя́ть? Что на э́тот раз случи́лось?
A：Да я и сам не зна́ю. Как то́лько она́ услы́шала по телефо́ну мой го́лос, она́ сказа́ла: "Бо́льше мне не звони́!" и бро́сила тру́бку.
B：Э́то про́сто не́рвы. А ты попро́буй и пра́вда не звони́ть ей неде́льку. Вот уви́дишь – она́ сама́ начнёт назва́нивать.

A：今日はだめだった。朝寝坊して筆記試験に遅れた。その後、マリーナと問題が起きちゃってさ。
B：また？ 今度は何があったの？
A：知らないよ！ ぼくの声を聞くなり「もう電話しないで」って言って、電話を切ったんだ。
B：それは単にイライラでしょ。実際に一週間電話しないでみな よ。自分の方から電話かけまくってくるからさ。

A : Заходи́ ко мне сего́дня по́сле заня́тий.
B : Спаси́бо, с удово́льствием. То́лько пока́ не зна́ю, во ско́лько я смогу́ прийти́. По́сле заня́тий мне на́до идти́ к своему́ нау́чному руководи́телю. Дава́й я тебе́ позвоню́, как то́лько освобожу́сь.
A : Хорошо́. Тогда́ я бу́ду ждать от тебя́ звонка́.
B : Ой, уже́ ско́ро начина́ется заня́тие. Всё, я побежа́ла!

A：授業が終わったら私のところに寄りなよ。
B：ありがと、もちろん。ただ何時に行けるかまだわからない。私、授業の後に指導教官の所へ行かなきゃ。終わったらすぐ電話しようか。
A：うん。そしたら電話待ってるね。
B：あ、もう授業が始まっちゃう。じゃあ、私行くね！

A : Ты прошёл собесе́дование?
B : Пока́ неизве́стно. О результа́те должны́ извести́ть до пя́тницы.
A : А как ты ду́маешь, како́й бу́дет результа́т?
B : Бог его́ зна́ет! Как то́лько узна́ю, сра́зу же тебе́ сообщу́.

A：面接は通ったの？
B：まだわからない。結果は木曜いっぱいに知らされるはず。
A：結果はどうなると思う？
B：神のみぞ知るだね。わかったらすぐに連絡するよ。

A : Ты уже́ написа́л отве́ты на мои́ вопро́сы?
B : Ещё нет. Обеща́ю, как то́лько бу́дет вре́мя, я э́то сде́лаю.
A : А не мо́жешь пря́мо сейча́с?
B : Извини́, но сейча́с я за́нят. За́втра у меня́ бу́дет отве́тственное выступле́ние☆, и мне на́до к нему́ подгото́виться.

A：ぼくの質問の答えはもう書いてくれた？
B：まだやってない。時間ができたらすぐやるって約束する。
A：今すぐにはできない？
B：ごめん。今、忙しいんだ。明日、重要な発表があるから、その準備をしなきゃいけなくて。

(48) ка́ждый раз, когда́…　～するたびに、～するといつも

解説・用法

反復を表す節を作る。

■ ка́ждый раз, когда́…

[例] Ка́ждый раз, когда́ я вспомина́ю э́тот слу́чай, я не могу́ не смея́ться.
[訳] あのことを思い出すたびに、笑わずにはいられない。

[例] На́ши мне́ния почему́-то расхо́дятся ка́ждый раз, когда́ мы загова́риваем о поли́тике.
[訳] 政治の話になるといつも、なぜかぼくらの意見は分かれる。

[例] Ка́ждый раз, когда́ я возвраща́юсь в родно́й го́род, я вспомина́ю о ста́рых друзья́х.
[訳] 故郷へ帰るたびに、昔の友達を思い出す。

例文

CD 48

A: Ка́ждый раз, когда́ ру́сские мужчи́ны встреча́ются, они́ кре́пко жмут друг дру́гу ру́ку. Э́тот обы́чай мне о́чень нра́вится.
B: А в Япо́нии тако́го нет. Вме́сто э́того япо́нцы при встре́че кла́няются или слегка́ кива́ют друг дру́гу голово́й.
A: Э́то ка́к-то хо́лодно. Ты так не счита́ешь?
B: По-мо́ему, об обы́чаях нельзя́ говори́ть, хороши́ они́ или пло́хи.

A: ロシア人男性は会うたびにしっかり握手する。この習慣がぼくはとても好きなんだ。
B: 日本にはそういうのはないね。その代わり、日本人は会った時、互いにお辞儀するか、軽く会釈するよね。
A: なんだかそっけないよな。そう思わない？
B: 習慣について良いとか悪いとか言えないと思うよ。

A : А ты мо́жешь поня́ть по выраже́нию лица́, о чём ду́мает челове́к?
B : Да, в не́которой сте́пени. Наприме́р, мне поня́тно, врёшь ты мне или говори́шь пра́вду.
A : Как? Мо́жет, у меня́ удлиня́ется нос?
B : Нет, всё про́ще. Ка́ждый раз, когда́ ты врёшь, ты начина́ешь ча́сто-ча́сто морга́ть глаза́ми.

A : きみは顔の表情から人の考えを読み取れる？
B : うん、ある程度ね。たとえば、私はきみが嘘ついているか本当のこと言ってるかわかるよ。
A : どうやって？もしかして、鼻が伸びてる？
B : いや、もっと簡単なことさ。きみが嘘をつくといつも瞬きがすごく多くなる。

A : Почему́ ты так ча́сто меня́ешь свою́ причёску?
B : Я меня́ю её ка́ждый раз, когда́ у меня́ случа́ются неприя́тности. Наприме́р, я э́то сде́лала, когда́ расста́лась с Андре́ем и когда́ не сдала́ экза́мен.
A : Э́то помога́ет тебе́ смени́ть настрое́ние?
B : Иногда́ помога́ет, а иногда́ нет.

A : なんで髪型をしょっちゅう変えるの？
B : 嫌なことがあるたびに、髪形を変えるの。たとえば、アンドレイと別れたときや、試験に受からなかったときとか。
A : それで気分変わるの？
B : 変わる時もあれば、変わらない時もあるね。

A : Мои́ ба́бушка и де́душка даю́т мне карма́нные де́ньги ка́ждый раз, когда́ я прихожу́ к ним в го́сти.
B : А-а, тепе́рь поня́тно, почему́ ты ча́сто навеща́ешь их.

A : おばあちゃんとおじいちゃんは、遊びに行くたびにお小遣いをくれるんだ。
B : ああ、だからきみはよくお客に行くわけだ。

(49) во-пе́рвых, ... во-вторы́х, ...
第一に〜、第二に…

解説・用法

何かを順序立てて説明するときに使われる挿入語。"во-вторы́х" は "а" を伴う場合がある。"в-тре́тьих（第三に）" と続けることも可能。

■ во-пе́рвых, ... во-вторы́х, ...

[例] Ру́сский язы́к сло́жен для япо́нцев. Во-пе́рвых, тру́дная грамма́тика, а во-вторы́х, нам ника́к не даю́тся не́которые зву́ки. Наприме́р, у меня́ не получа́ется пра́вильно произноси́ть зву́ки "ы" и "ч".
[訳] 日本人にとってロシア語は難しい。第一に文法が複雑だ。第二に、私たちにはどうしても習得できない音がいくつかある。例えば、私は «ы» と «ч» が正しく発音できない。

[例] Я не записа́лся на заня́тия э́того преподава́теля, потому́ что, во-пе́рвых, он сли́шком дета́льно объясня́ет грамма́тику, а во-вторы́х, он приди́рчиво оце́нивает рабо́ты.
[訳] あの先生の授業は取らなかった。なぜなら第一に、文法の説明が細かすぎる。第二に、評価が厳しいから。

例文

A：Кем ты хо́чешь стать в бу́дущем?
B：Я хочу́ рабо́тать синхро́нным перево́дчиком. Интере́сно, у меня́ полу́чится? Скажи́ че́стно, как ты ду́маешь?
A：Коне́чно, полу́чится! Во-пе́рвых, ты прекра́сно зна́ешь ру́сский язы́к и, во-вторы́х, у тебя́ хоро́шее произноше́ние.

A：将来、何になりたいの？
B：同時通訳者として働きたいんだ。うまくいくかな？ どう思ってるかはっきり言って。
A：もちろん、うまくいくさ！ まずきみはロシア語をよく知っているでしょ。しかも発音がきれいだからね。

CD 49

A : Почему́ ты реши́ла изуча́ть ру́сский язы́к?
B : Ну, во-пе́рвых, я обожа́ю ру́сский бале́т, и мне обяза́тельно хоте́лось когда́-нибудь посмотре́ть "Лебеди́ное о́зеро" в Большо́м теа́тре. Во-вторы́х, у меня́ ру́сские ко́рни☆.
A : Пра́вда? В тебе́ течёт ру́сская кровь?
B : С ви́ду, мо́жет быть, и не ска́жешь, но на са́мом де́ле, моя́ ба́бушка ру́сская.

A：なんでロシア語を勉強することにしたの？
B：第一にロシアバレエが大好きなんだ。いつか必ずボリショイ劇場で『白鳥の湖』が見たいと思ってたの。第二に、私にはロシア人の血が入っているのよ。
A：本当？ ロシア人の血が流れているの？
B：見た目はわからないかもしれないけど、実はおばあさんがロシア人なの。

CD 49

[A：日本人男性 / B：ロシア人女性]
A : А е́сли бы мы о́ба рабо́тали, и ты бы забере́менела, то ты бы бро́сила рабо́ту?
B : Почему́ ты спра́шиваешь?
A : Про́сто в Япо́нии при́нято, что по́сле рожде́ния ребёнка же́нщина ухо́дит с рабо́ты и стано́вится домохозя́йкой.
B : На мой взгляд, э́то дискримина́ция же́нщин. Я ни за что не расста́нусь со свое́й рабо́той. Во-пе́рвых, я ру́сская, а не япо́нка. А во-вторы́х, всё вре́мя сиде́ть до́ма – смерте́льно ску́чно. Я хочу́ сде́лать карье́ру.

A：もしぼくたちが共働きしていて、きみが妊娠したら、きみは仕事をやめる？
B：なんでそんなこと聞くの？
A：いや、日本では女性が子どもを産んだら仕事をやめて主婦になるのが普通だからさ。
B：私の考えではそれは女性差別だよ。私は絶対に仕事は辞めないわ。第一に、私はロシア人で、日本人じゃない。第二に、ずっと家にいるのは死ぬほど退屈。私はキャリア・アップしたいの。

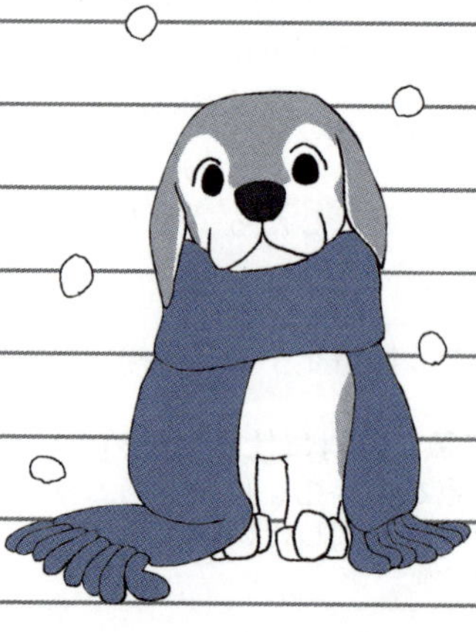

Часть 3

Сколько стоит?

(50) чем + 比較級…, тем + 比較級…
〜すれば〜するほど…

解説・用法

　ある事象や状況が変化すると、それに合わせ、他の事象や状況も変化することを表す。"чем"と"тем"が伴う形容詞・副詞は比較級になる

■ чем + 比較級…, тем + 比較級…

[例] Чем больше выходных, тем лучше.
[訳] 休みは多ければ多いほどいい。

[例] Чем дольше я живу в России, тем сильнее её люблю.
[訳] 長く住めば住むほど、ロシアがもっと好きになる。

[例] Чем мне тяжелее, тем у меня больше желания стараться.
[訳] つらければつらいほど、私はもっと頑張る気になる。

[例] Чем строже преподаватель, тем меньше студентов посещает его занятия.
[訳] 先生が厳しければ厳しいほど、授業に来る学生は少ない。

例文

A : У меня с Машей ничего не клеится. Мы регулярно ссоримся.
B : Так это же прекрасно! Чем сильнее любят, тем чаще ссорятся. Милые бранятся – только тешатся.
A : Спасибо за мудрые слова, но почему я должен всегда первым извиняться и предлагать помириться?

A : マーシャとまったくうまくいってない。定期的に口ゲンカしてるよ。
B : そりゃすばらしい。愛が強ければ強いほど、人はよくケンカするものね。好いた同士は口ゲンカも楽しみのうち。
A : うまいこといってくれてありがとう。でも、どうしていつもこっちから謝って、仲直りを切り出さなきゃいけないの？

A : Ты ведь скоро едешь на стажировку в Россию. Есть какие-нибудь проблемы?
B : Пока нет, но я боюсь, что в группе будет много студентов.
A : Это очень важный момент. Чем больше студентов в группе, тем неэффективнее становятся занятия, потому что у тебя остаётся меньше возможности говорить.
B : Да-да. В одной группе не должно быть больше пяти человек!

A : もうすぐロシアへ留学に行くんだね。何か問題はあるの？
B : まだないよ。でもクラスにたくさん学生がいたら困るね。
A : それはとても大事なポイントだね。クラスに学生が多ければ多いほど、授業は効果的でなくなってしまう。話す機会が減るからね。
B : そうそう。1クラス5人以上いちゃだめだよ。

A : Скажи честно, ты вчера был в гостях у Маши?
B : Ты всё ещё меня к ней ревнуешь? Нет, я вчера весь день был с Сергеем. Если хочешь, спроси у него. Он подтвердит, что я говорю правду.
A : Да ладно! Признавайся, что ты был с Машей! Чем больше ты оправдываешься, тем мне неприятнее.
B : А, я понял. Ты хочешь подстроить мне ловушку? Зря. Я в самом деле с ней не встречался.
A : Знаешь, у тебя на лице написано, что ты врёшь!

A : 昨日、マーシャのところにいたでしょ。正直に言って。
B : いつまでやきもち焼いてるの？　いや、昨日はセルゲイと一日一緒にいたよ。なんなら彼に聞いてみな。ぼくの言っていることが本当だって証明してくれるから。
A : いいからマーシャといたって認めなよ。言い訳すればするほど、気分が悪くなる。
B : あ、わかった。カマをかけているんでしょ？
無駄さ。本当に彼女と会わなかったんだから。
A : きみの顔にはさ、嘘ついてるって書いてあるよ！

(51) получа́ется, (что) … 〜ということになる

解説・用法

何らかの事象や状況からある結果が導き出せると言いたいときに用いる。

■ получа́ется, (что) …

[例] Ему́ два́дцать лет, а его́ ма́ме три́дцать семь. Получа́ется, он роди́лся, когда́ ей бы́ло семна́дцать.
[訳] 彼は20歳でお母さんは37歳。彼は、お母さんが17歳の時に産まれたということになる。

[例] Вы с Юки то́же пое́дете ле́том в Москву́? Тогда́ получа́ется, что мы все там встре́тимся!
[訳] きみと有希も夏にモスクワへ行くの？ そうしたらぼくたち全員向こうで会うことになるね。

例文

CD 51

[A：ロシア人／B：日本人]

A: Я ещё пло́хо разбира́юсь в ве́жливых фо́рмах япо́нского языка́. Наприме́р, о свое́й рабо́те нельзя́ сказа́ть "осиго́то" – э́то звучи́т стра́нно, да?

B: Да, по-япо́нски получа́ется, что ты пока́зываешь уваже́ние к самому́ себе́. Но не сто́ит беспоко́иться. Са́ми япо́нцы иногда́ ошиба́ются при употребле́нии ве́жливых форм. Они́ хорошо́ усва́иваются при обще́нии со ста́ршими.

A：まだ日本語の敬語がよくわからないんだ。たとえば、自分の仕事を「お仕事」とは言えない。変に聞こえるんでしょ？
B：うん。日本語では、自分自身に敬意を表していることになっちゃうね。でも心配しなくていいよ。日本人だって敬語を使うと、時々間違えるんだから。敬語は年上の人とのつき合いの中でしっかり身につくさ。

A : Я слы́шал, что о́пытные чле́ны коми́ссии по приёму на рабо́ту мо́гут реши́ть, сто́ит ли брать челове́ка в компа́нию, как то́лько он вхо́дит в ко́мнату.
B : Интере́сно. Получа́ется, что они́ с пе́рвого взгля́да зна́ют, на что э́тот челове́к годи́тся. Непоня́тно, как же э́то мо́жно определи́ть.
A : Как изве́стно, глаза́ – э́то зе́ркало души́. Поэ́тому чле́ны коми́ссии смо́трят челове́ку пря́мо в глаза́ и сра́зу ви́дят, уве́рен он в себе́ или нет.

A：経験豊富な面接官は、人が部屋に入ってきたらすぐに、その人を採る価値があるか決められるって聞いたことがある。
B：おもしろいな。面接官は一目でその人が何の役に立つかがわかるということになるね。一体どうやって見極めているのか理解できないな。
A：知っている通り、目は心の鏡でしょう。だから面接官は人の目を直接見ると、自分に自信があるかどうかがすぐにわかるんだよ。

CD 51

[A：ロシア人／B：日本人]
A : Я прочита́ла твою́ рабо́ту. В це́лом она́ напи́сана хорошо́, но во мно́гих места́х непра́вильно расста́влены запяты́е.
B : Да? Хм, тогда́ получа́ется, что я не зна́ю пра́вил пунктуа́ции. А ещё каки́е оши́бки?
A : Есть не́которые замеча́ния по сти́лю, но они́ незначи́тельные. Пре́жде всего́, ча́сто употребля́ются одни́ и те же слова́. Тавтоло́гии сле́дует избега́ть.
B : Ты права́. Повто́р слов свиде́тельствует о бе́дности языка́.

A：きみの論文を読んだよ。全体的によく書けてるけど、間違ってコンマを打ってある箇所がけっこうあったね。
B：本当？　うーん、そしたらぼくは句読点の規則をわかっていないことになるな。他にどんな間違いがあった？
A：文体にいくつか注意点があるけど、大したことない。まず同じ単語の使用が多い。同語反復は避けるべきだよ。
B：そうだね。単語の繰り返しは言葉の貧しさを表してるからね。

（52）比較級, чем 主語 думать
〜が思っている（考えている）より…

解説・用法

この"думать"は人称や時制により変化する。
[例] чем я думал（私が思っていたより）
　　 чем они думают（彼らが思っているより）

■ 比較級, чем 主語 + думать

[例] Я готовлю лучше, чем вы думаете.
[訳] きみたち（あなた）が思っているよりぼくは料理がうまい。

[例] Сегодня холоднее, чем я думал. Надо было надеть пальто.
[訳] 今日は思ったより寒い。コートを着るべきだった。

[例] Его произведения интереснее, чем ты думаешь.
[訳] 彼の作品はきみが思っているより面白い。

例文

[Ｂ：東京在住の日本人]
А：Ты заказал билет до Владивостока и обратно?
Б：Нет, только в одну сторону. Кстати, зимой билеты до Владивостока стоят гораздо дешевле, чем я думал.
А：Но сначала тебе надо доехать на супер-экспрессе до Ниигаты и там взять такси до аэропорта. Так что в результате всё равно обойдётся дорого.

А：ウラジオストック往復のチケットは予約したの？
Ｂ：いや、片道だけ。ところで、冬のウラジオストック行きのチケットは思っていたよりずっと安かったね。
А：でも、まず新幹線で新潟へ行って、そこで空港までのタクシーをつかまえなきゃいけないから、結局高くつくでしょ。

A : Я подраба́тываю репети́тором, преподава́я англи́йский язы́к ма́льчику тринадцати лет. Тако́й вид подрабо́тки вы́годнее, чем я ду́мал. Мне пла́тят четы́ре ты́сячи ие́н в час.
B : По-мо́ему, э́то не так вы́годно, как ка́жется. Ведь вре́мя, кото́рое ухо́дит на подгото́вку к заня́тиям, не учи́тывается.
A : Но зато́ во вре́мя уро́ка никако́го осо́бого напряже́ния. Да́же е́сли я объясня́ю не о́чень поня́тно, никто́ об э́том не узна́ет.
B : Плохо́й из тебя́ репети́тор! Ты до́лжен отвеча́ть за свою́ рабо́ту. А что, е́сли учени́к не сдаст вступи́тельный экза́мен? Я бы чу́вствовал себя́ винова́тым.

A：家庭教師で13歳の男の子に英語を教えるアルバイトをしているんだ。思っていたよりこういうアルバイトは割がいい。時給は4000円だよ。
B：思ってるほど割はよくないよ。授業の準備時間が含まれないからね。
A：でもその代わり、授業中はこれといった緊張感なんてないよ。わかりづらい説明をしても、誰にも知られないからね。
B：ひどい家庭教師だ。きみは自分の仕事に責任を持つべきだよ。教え子が入試に受からなかったらどうするの？ ぼくなら罪悪感を感じるな。

A : Как ты съе́здил в Москву́? Наве́рное, там бы́ло хо́лодно?
B : Бы́ло тепле́е, чем я ду́мал, несмотря́ на то, что снег ещё лежа́л.
A : Да? А я счита́л, что ещё бу́дет о́чень хо́лодно. А когда́ обы́чно в Росси́и та́ет снег?
B : Тру́дно сказа́ть. Год на год не прихо́дится. Да и Росси́я – больша́я страна́, поэ́тому э́то зави́сит от ме́ста.

A：モスクワはどうだった？ 寒かったでしょ？
B：まだ雪が積もっていたけど、思っていたより暖かかったよ。
A：そうなの？ まだすごく寒いのかと思ってたよ。ところで、ロシアではふつういつ雪が解けるのかな？
B：難しいね。年によって違うよ。しかもロシアは大きな国だからね。　それは場所によるんだ。

(53) ① то A, то B　②イントネーションで表現する
～たり、～たり / ～とか、～とか

解説・用法

何かを列挙する時に使う。AとBには文の構造的に同じ要素がくる（①）。"то"を用いずにイントネーションで列挙の意味を表すこともできる（②）。詳細はCD参照。

① то A, то B

[例] Она то добра ко мне, то строга. Всё у неё по настроению.
[訳] 彼女はぼくに優しかったり、厳しかったり。何でも気分次第だ。

[例] Сегодня весь день то дождь идёт, то ветер дует.
[訳] 今日は一日中雨が降ったり、風が吹いたりしている。

② イントネーションで表現する

[例] Вчера я ходила по магазинам и купила себе косметику, одежду, обувь.
[訳] 昨日はショッピングをして、化粧品とか服とか靴とかを買った。

[例] Теперь этот профессор степенный человек. Но у него была очень бурная молодость: он начал курить☆ в шестнадцать лет, дрался с кем попало, катался по ночам на мотоцикле.
[訳] あの教授は今ではまじめな人だけど、若いときはすごく荒れていたんだ。16歳でタバコを吸い始めたり、誰彼かまわずケンカしたり、夜中にバイクを乗りまわしたりしていた。

例文　CD 53

A : Мы замечательно провели выходные: встречались с друзьями, ходили в кино, ездили на рыбалку. А ты чем занимался?
B : А мне подкинули перевод, который нужно было закончить к понедельнику. Поэтому я все выходные проработал.

A：素敵な週末をすごすことができた。友達と会ったり、映画を見に行ったり、釣りに行ったりしたよ。きみは何してた？
B：月曜までに終わらせなきゃいけない翻訳をやらされてたよ。だから休みはずっと作業してたね。

A : Что ты вчера́ де́лал?
B : Вчера́ ходи́л в спортза́л: кача́лся, пла́вал в бассе́йне, сиде́л в са́уне.
A : А заче́м ты так ча́сто трениру́ешься в спортза́ле? Гото́вишься к соревнова́ниям?
B : Нет, я про́сто хожу́ туда́, что́бы быть в фо́рме.

A：昨日、何していたの？
B：昨日はジムに行った。ダンベルをやったり、プールで泳いだり、サウナに入ったりしたよ。
A：なんでしょっちゅうジムで体を鍛えているの？大会に備えてるの？
B：いや、健康維持のためにジムに通っているだけだよ。

[A／B：日本人留学生]

A : Ах, как же мне надое́ло жить в общежи́тии. То во́ду отключа́ют, то сосе́ди за сте́нкой шумя́т, то в ко́мнате заво́дятся тарака́ны. Я никогда́ не ви́дела тарака́нов в свое́й кварти́ре в Япо́нии.
B : Зна́ешь, тарака́нов я ещё могу́ терпе́ть, а вот, когда́ нет воды́ – э́то невыноси́мо. Ведь нельзя́ ни туале́том воспо́льзоваться, ни душ приня́ть. У́жас!
A : А почему́ так ча́сто отключа́ют во́ду?
B : Не зна́ю. Наве́рное, водопрово́д ремонти́руют.

A：もう寮に住むのは嫌！水は止まるし、隣は壁越しにうるさいし、部屋にゴキブリが出るし。日本のアパートでゴキブリなんて見たことない。
B：ゴキブリはまだ我慢できるよ。でも水が出ないのは耐えられないな。トイレも使えないし、シャワーも浴びられない。ひどい。
A：なぜこんなによく水は止まるの？
B：知らない。たぶん水道の修理をしてるんじゃないかな。

(54) ни A, ни B
Aも、Bも〜ない

解説・用法

何かを列挙し、強調して否定するときに使われる。AとBは文の構造的に同じ要素となる。

■ ни A, ни B

[例] Они́ не мо́гут ни говори́ть, ни чита́ть по-ру́сски.
[訳] 彼らはロシア語を話せもしないし、読めもしない。

[例] Я переписа́ла рефера́т, но он не стал ни лу́чше, ни ху́же.
[訳] レポートを書き直したけど、良くも悪くもならなかった。

[例] О́коло ста́нции нет ни кио́сков, ни рестора́нов, ни кафе́.
[訳] 駅の側にはキオスクも、レストランも、カフェもない。

例文 CD 54

A: Почему́ ты не ешь котле́ты? Не лю́бишь?
B: Вообще́-то люблю́, но в после́днее вре́мя не ем ни мя́са, ни ры́бы.
A: Да ты что! Ты стал вегетариа́нцем?
B: Ну, получа́ется, что да.

A: なんでカツレツ食べないの？ 嫌いなの？
B: 本当は好きだけど、ここ最近は肉も魚も食べてないんだ。
A: 本当？ ベジタリアンになったの？
B: まあ、そうなるね。

A: Как твои́ дела́?
B: Дела́ так себе́. Ни хорошо́, ни пло́хо. Ничего́ но́вого не происхо́дит, и сего́дняшний день прохо́дит так же, как вчера́шний. Мне ка́к-то ску́чно.
A: С друго́й стороны́, у тебя́ всё споко́йно. Э́то то́же хорошо́.

A：調子はどう？
B：調子はまあまあ。良くも悪くもないよ。何も新しいことが起きないから、今日が昨日と同じように過ぎていくんだ。なんだか退屈。
A：別の見方をすると、全て落ち着いているってことじゃない。それもいいことさ。

A : У меня́ нет ни це́ли, ни любви́ – никаки́х сти́мулов в жи́зни!
B : Зна́ешь, жизнь похо́жа на зе́бру. Она́ чёрно-бе́лая. В ней быва́ют и ра́дости, и печа́ли. Наве́рное, у тебя́ сейча́с чёрная полоса́.
A : Ха-ха, э́то ты из како́й-нибудь кни́ги взял?
B : Да нет, я серьёзно. По́сле чёрной полосы́ должна́ быть бе́лая. Так что потерпи́ немно́жко, и всё бу́дет хорошо́!

A：ぼくには目的もなければ、恋人もいない。人生に何の刺激もないな。
B：知ってるかい、人生はシマウマみたいなものなんだ。白黒なんだよ。人生には喜びもあれば悲しみもある。今、うまくいかない時期なんじゃない。
A：ハハ、それ何かの本からとってきた？
B：いや、本気だよ。うまくいかない時期の後には、うまくいく時期がくるはずだから。少し辛抱すればすべてうまくいくさ。

CD 54

A : У тебя́ телефо́н звони́т. Почему́ ты тру́бку не берёшь?
B : Потому́ что э́то звони́т Са́ша. Я не хочу́ с ним разгова́ривать. Он неда́вно меня́ стра́шно оскорби́л.
A : Да ла́дно. Я уве́рен, что он уже́ раска́ивается в своём посту́пке. Пошли́ ему́ хотя́ бы одно́ сообще́ние.
B : Ни за что! Он никогда́ не сожале́ет о свои́х посту́пках. Сейча́с я не хочу́ ему́ ни звони́ть, ни писа́ть!

A：電話鳴ってるよ。なんで出ないの？
B：電話してるのがサーシャだから。彼とは話したくないの。最近ひどく傷つけられたから。
A：いや、彼は反省してるに決まってる。メール一通くらい送ってあげて。
B：絶対にやだ。自分の行動を反省しないタイプなんだから。今は電話もメールもしたくないの。

127

(55) та́к-то (оно́) так, но… / да, э́то так, но…
それはそうだけど、…

解説・用法

話者がある事象を条件つきで肯定しつつ、それに反する考えを添えるときに使う。その考えの内容が "**но**" 以下に示される。

■ та́к-то (оно́) так, но… / да, э́то так, но…

[例] A：Почему́ ты не посту́пишь в аспиранту́ру? Зако́нчив университе́т, наконе́ц-то мо́жно нача́ть ду́мать о нау́ке.
　　 B：Та́к-то оно́ так, но у меня́ нет де́нег на учёбу в аспиранту́ре, и ещё непло́хо бы́ло бы приобрести́ о́пыт рабо́ты.
[訳] A：どうして大学院に進学しないの？　大学を卒業してやっと学問について考えられるようになるのに。
　　 B：それはそうだけど、院で勉強するお金ないし、働く経験を積むのも悪くないでしょ。

[例] A：Непродукти́вно че́м-то занима́ться но́чью, потому́ что пло́хо ва́рит голова́.
　　 B：Да, э́то так, но днём я не могу́ сконцентри́роваться.
[訳] A：深夜に勉強するのは効率が悪い。頭が働いてないから。
　　 B：それはそうだけど、昼間は集中できないんだ。

例文

[A：ロシア人／B：日本人]

A：Я реши́л жени́ться на свое́й япо́нской подру́ге. Что ты об э́том ду́маешь?
B：Не хочу́ тебя́ отгова́ривать, но, по стати́стике, приме́рно полови́на междунаро́дных бра́ков зака́нчивается разво́дом. Ведь преодоле́ть ра́зницу во взгля́дах на жизнь и в тради́циях – э́то не така́я уж и проста́я зада́ча.
A：Да, э́то так, но я уже́ психологи́чески давно́ к э́тому гото́в.
B：Ну, тогда́ хорошо́. Жела́ю уда́чи.

A：日本人の彼女と結婚することにしたんだ。どう思う？
B：とめるつもりはないけど、統計的に見て国際結婚の約半分は離婚で終わってしまうんだよ。人生の考え方や伝統の違いを乗り越えるのは、それほど簡単なことじゃないからさ。
A：それはそうだけど、もうとっくに心の準備はできてるよ。
B：それならいいけど。うまくいくことを願ってるよ。

CD 55

A: Ты с таки́м трудо́м поступи́л в университе́т. Тепе́рь ты до́лжен изо всех сил учи́ться.
B: Заче́м? Нет смы́сла серьёзно учи́ться, потому́ что приобретённые в университе́те зна́ния нигде́ не пригодя́тся по́сле его́ оконча́ния.
A: Ну, та́к-то оно́ так, но тебе́ непло́хо бы вы́учить иностра́нные языки́, потому́ что э́то ведь никогда́ не помеша́ет.

A：あんなに苦労して大学に入ったんだから、全力で勉強しなよ。
B：なぜ？ 真面目に勉強する意味なんてないよ。大学で得た知識なんて卒業したら何の役にも立たないからさ。
A：まあ、それはそうだけどさ、外国語を覚えるのは悪くないでしょ。邪魔になることはないからね。

A: Ты бо́льше не встре́тишь тако́й хоро́шей де́вушки, как она́. Тебе́ два́дцать семь лет – пора́ бы остепени́ться.
B: Та́к-то так, но у нас о бра́ке ре́чи никогда́ и не́ было. Я не зна́ю, что она́ об э́том ду́мает.
A: Набери́сь сме́лости и сде́лай ей предложе́ние. Будь же мужчи́ной!
B: Да я зна́ю, но я всё ка́к-то не могу́ реши́ться…

A：きみは彼女みたいないい女の子ともう出会えないよ。きみは27歳、落ち着いてもいい頃じゃない。
B：それはそうだけど、結婚は一度も話題に上ってないんだ。彼女がどう思ってるかわからないよ。
A：勇気を出してプロポーズしなよ。男らしくね！
B：わかってるよ。でもなんだかやっぱり決心がつかなくてさ。

(56) то́лько и де́лать, что… / то́лько и знать, что…
～してばかりいる、～ばかりしている

解説・用法

従属文を導く。従属文以下の主語は省略する。
[例] Она́ то́лько и де́лает, что она́ жа́луется.
　　⇒ Она́ то́лько и де́лает, что жа́луется.
[訳] 彼女は文句ばかり言っている。

■ то́лько и де́лать, что… / то́лько и зна́ть, что…

[例] Э́тим ле́том мой ста́рший брат то́лько и де́лал, что игра́л в и́гры на компью́тере.
[訳] 今年の夏、兄はパソコンでゲームをしてばかりいた。

[例] Са́ша то́лько и зна́ет, что развлека́ется с друзья́ми.
[訳] サーシャは友達と遊んでばかりいる。

例文

A: Чем ты занима́ешься в после́днее вре́мя?
B: В после́днее вре́мя я то́лько и де́лаю, что сижу́ перед компью́тером и смотрю́ ра́зные ви́део. То есть тра́чу вре́мя да́ром…
A: Я то́же ча́сто заси́живаюсь, просма́тривая како́й-нибудь фильм, и не замеча́ю, как перева́ливает за́ полночь.
B: Да! А са́мое ужа́сное – э́то то, что я, да́же когда́ занима́юсь, одни́м гла́зом смотрю́ в компью́тер. И, коне́чно, в голове́ ничего́ не остаётся. Но занима́ться по-друго́му я уже́ не могу́.

A: 最近何をしているの？
B: 最近はパソコンでいろいろな動画を見てばかりいるよ。つまり時間の無駄使いだな。
A: ぼくも映画を見ながらよくパソコンしてる。それで気がつかないうちに12時をまわっているんだ。
B: ね。最悪なのは、勉強している時でもパソコンを見てしまうこと。もちろん何も頭に残らない。でももう他のやり方で勉強できないね。

A : В э́ти ле́тние кани́кулы мне не́чем бы́ло заня́ться. То́лько и де́лал, что спал.
B : Вот счастли́вчик. А у меня́, наоборо́т, бы́ло мно́го дел: дома́шние зада́ния, подрабо́тка, по́иск кварти́ры.
A : Я тебе́ зави́дую. А я умира́л от ску́ки. Не мог дожда́ться, когда́ начнётся второ́й семе́стр.
B : Вот чуда́к! Наслажда́лся бы тем, что не́чего де́лать. Потому́ что хо́чешь не хо́чешь, с нача́лом учёбы ты бу́дешь о́чень за́нят.

A：この夏休みやることがなかった。寝てばかりいたよ。
B：きみは幸せ者だ。ぼくは逆に、宿題、アルバイト、アパート探しとか、やらなきゃいけないことがたくさんあった。
A：羨ましい。ぼくは退屈で死にそうだった。後期の開始が待ち遠しくて。
B：変わってるね！ 何もやることがないことを楽しめばよかったのに。否が応でも、学校が始まればすごく忙しくなるんだから。

A : Серге́й о́чень си́льно измени́лся: увлёкся чте́нием и тепе́рь то́лько и зна́ет, что чита́ет серьёзные кни́ги. Стра́нно…
B : Ну и хорошо́. Кни́ги – э́то же исто́чник зна́ний.
A : В на́ши дни э́та фра́за звучи́т неактуа́льно. Сего́дня начи́танность не явля́ется при́знаком ума́ и не осо́бенно це́нится.
B : Нет, всё-таки чита́ть поле́зно. Когда́ я чита́ю, у меня́ тако́е ощуще́ние, как бу́дто я прожива́ю жизнь персона́жей. Чте́ние расширя́ет кругозо́р и обогаща́ет жизнь.

A：セルゲイはかなり変わった。読書するようになって、今では堅い本を読んでばかりいる。おかしいなあ。
B：いいじゃないか。本は知識の泉だよ。
A：ぼくらの時代にそのフレーズは、無意味に聞こえる。今じゃ本をたくさん読んでいても頭がいい証明にはならないし、たいして評価されない。
B：いや、やっぱり読書は役に立つよ。本を読んでいるとまるで登場人物の人生を生きているみたいな感じを覚えるんだ。読書は視野を広げてくれるし、人生を豊かにしてくれる。

(57) как мо́жно + 比較級
できるだけ～、なるべく～

解説・用法

限界や可能な範囲を表す。"мо́жно"の後には比較級がくる。

■ как мо́жно + 比較級

[例] Он объясни́л э́то как мо́жно про́ще, что́бы всем бы́ло поня́тно.
[訳] 彼は皆にわかるように、それをできるだけ簡単に説明した。

[例] Я хочу́ купи́ть э́ти кни́ги как мо́жно деше́вле.
[訳] できるだけ安くこの本を買いたい。

[例] Я ра́ньше всегда́ стара́лся вы́глядеть как мо́жно бо́лее соли́дным, а тепе́рь ду́маю, что э́то глу́по.
[訳] 昔はできるだけ貫禄があるように見せようといつも頑張っていたけど、今ではそれは馬鹿らしいと思う。

[例] Я хоте́ла бы услы́шать как мо́жно бо́льше ра́зных мне́ний по э́тому по́воду.
[訳] この件に関して、できるだけ多くの異なる意見を聞いてみたい。

[例] Я стреми́лась, что́бы в мое́й статье́ бы́ло как мо́жно ме́ньше опеча́ток.
[訳] 論文になるべく誤植が少ないように努力した。

例文

CD 57

[A：日本人 / B：ロシア人]

A：Как пи́шется сло́во "индивидуа́льность"?
B：Дава́й я тебе́ напишу́. Есть како́й-нибудь листо́к? Вот как оно́ пи́шется.
A：М-м, я не могу́ разобра́ть, что ты здесь написа́л. Напиши́, пожа́луйста, как мо́жно чётче.
B：Извини́. По́черк у меня́ некраси́вый.

A：「個性」ってどう書くの？
B：書いてあげようか。何かメモ用紙ある？ほら、こう書くんだ。
A：何を書いたのかわからないなあ。できるだけはっきり書いてよ。
B：ごめん。僕の字は汚いんだ。

[A / B：留学経験者]

A：Мно́гие студе́нты во вре́мя стажиро́вки скуча́ют по до́му. А я совсе́м не скуча́л.
B：Пра́вда? А мне всё вре́мя хоте́лось как мо́жно скоре́е верну́ться в Япо́нию.
A：Ты ведь под предло́гом по́иска рабо́ты сократи́л срок стажиро́вки.
B：Ну, ты не совсе́м прав. Мне и в са́мом де́ле на́до бы́ло подгото́виться к собесе́дованиям.

A：多くの学生は留学中、ホームシックになるけど、ぼくは全然寂しくなかったな。
B：本当？ぼくはできるだけ早く日本に帰りたいってずっと思ってたよ。
A：きみは仕事探しを言い訳に留学期間を縮めてたもんね。
B：そうでもないよ。本当に面接の準備をしなきゃいけなかったんだ。

A：В после́днее вре́мя ты совсе́м не появля́лся в университе́те. Где ты пропада́л?
B：Вообще́-то я приходи́л почти́ ка́ждый день. То́лько ре́дко посеща́л заня́тия. Потому́ что как мо́жно бо́льше вре́мени уделя́л трениро́вкам в спорти́вном кружке́. Тепе́рь прихо́дится навёрстывать упу́щенное и спе́шно писа́ть рефера́ты.

A：最近、まったく大学に顔出さなかったね。どうしてたの？
B：実はほとんど毎日いたんだよ。ただあまり授業に行かなかったけど。スポーツサークルの練習にできるだけ時間を割いてたんだ。今は時間の穴埋めをして急いでレポートを書かなきゃいけない。

(58) ВОТ-ВО́Т...
今にも〜しそうだ

解説・用法

まさにいま何かが起きようとしていることを表す。伴う動詞はふつう完了体。

■ вот-во́т...

[例] Я ви́дел, что она́ вот-во́т запла́чет, и поэ́тому извини́лся.
[訳] 彼女が今にも泣き出しそうだったから、謝ってしまった。

[例] С тобо́й всё в поря́дке? У тебя́ о́чень уста́лый вид. Вот-во́т упадёшь.
[訳] きみ、大丈夫？ とても疲れた顔をしてるよ。今にも倒れそうだ。

[例] Все ду́мали, что мы с Са́шей вот-во́т начнём дра́ться.
[訳] ぼくとサーシャは今にも喧嘩を始めそうだと、皆思っていた。

例文

A : Бо́льше никогда́ не бу́ду обсужда́ть с тобо́й поли́тику Росси́и в отноше́нии Япо́нии. Ты вот-во́т взорвёшься.
B : Да нет. Про́сто моё мне́ние по́лностью противополо́жно твоему́. Лу́чше дава́й оста́вим э́ту те́му – мы же не поли́тики.
A : То́чно! Э́та те́ма сли́шком щекотли́вая. Спо́ры на таки́е те́мы лу́чше избега́ть.
B : Согла́сен. Но име́ть своё мне́ние и уме́ть его́ отста́ивать – э́то ва́жно.

A : もうロシアの対日政策についてきみとは話さない。今にもきみ、爆発しそうだもん。
B : いや、僕の意見がきみのと完全に対立しているだけさ。この話はやめた方がいいな。政治家じゃないし。
A : 本当だね。この話はデリケートすぎるから。こういうテーマの議論は避けた方がいい。
B : そうだね。でも自分の意見を持って、主張できることは重要だ。

134

A : Синóптики обещáли пóсле обéда дождь.
B : Смотрú, он, и прáвда, вот-вóт начнётся.
A : У тебя́ зонт есть?
B : Нет, забы́л. Ну нáдо же! Вот почемý говори́тся, что дождь идёт и́менно тогдá, когдá забывáешь взять с собóй зонт

A：天気予報によると、午後、雨だって。
B：見て。本当に今にも雨が降りそうだ。
A：傘持ってる？
B：いや、忘れた。まったく。傘を忘れた時に限って雨が降るって言うからね。

CD 58

A : Ты хорошó вы́ступила. Вся аудитóрия слýшала твой доклáд с больши́м интерéсом.
B : Спаси́бо. Чéстно говоря́, я си́льно волновáлась. У меня́ бы́ло такóе чýвство, что моё сéрдце вот-вóт разорвётся. Дáже не пóмню, о чём говори́ла.
A : Да нет. С ви́ду ты держáлась óчень спокóйно.
B : По мне обы́чно не скáжешь, что я ужáсно волнýюсь.

A：きみの発表よかったよ。教室にいる全員がとても面白そうに聞いてたね。
B：ありがとう。実を言うと、かなり緊張したよ。今にも心臓が破裂しそうな感じがして、何を話したかも覚えてないわ。
A：いや、とても落ち着いているように見えたよ。
B：私、すごく緊張しても顔に出ないんだよね。

CD 58

A : Ах, из-за недосы́па ничегó не идёт в гóлову. Ужáсно хочý спать.
B : И прáвда, ты вот-вóт уснёшь! Идú лýчше домóй и поспú.
A : Да, навéрное, так бýдет лýчше.

A：ああ、睡眠不足で何も頭に入ってこない。
  すごく寝たい。
B：きみ、本当に、今にも眠っちゃいそうだよ。
  家に帰って少し寝た方がいいよ。
A：うん、その方がよさそう。

(59) (a) что, éсли…　〜したらどうしよう

解説・用法

後に条件を表す文を伴う。

■ (a) что, éсли…

[例] А что, éсли я ей не понрáвлюсь?
[訳] 彼女に気に入られなかったらどうしよう。

[例] А что, éсли мы не успéем на самолёт?
[訳] 飛行機に間に合わなかったらどうしよう。

[例] Я не могу́ найти́ в своём компью́тере фа́йлов, кото́рые я вчера́ сохрани́л. А что, éсли они́ исче́зли…
[訳] 昨日、パソコンに保存したファイルが見つからない。消えてたらどうしよう…。

[例] Что, éсли уже́ нет биле́тов на самолёт в То́кио...
[訳] 東京行きの飛行機のチケットがもうなかったらどうしよう。

例文

CD 59

A : Мой роди́тели, похо́же, не хотя́т, что́бы я жени́лся на иностра́нке.
B : А что, éсли они́ узна́ют о том, что твоя́ де́вушка ру́сская?
A : Хм, они́ консервати́вные лю́ди и, наве́рное, бу́дут про́тив. Поэ́тому я ещё не расска́зывал им об э́том.
B : Ну, э́то поня́тно, что у них ста́рые взгля́ды. Но тебе́ на́до их зара́нее мора́льно подгото́вить к э́той но́вости.

A：どうやら両親は、ぼくが外国人と結婚するのが嫌みたいだ。
B：もしきみの彼女がロシア人だって知れたらどうするの？
A：うーん、親は保守的でさ、たぶん反対するよ。だからまだ話してないんだ。
B：まあ考え方が古いのはわかるよ。でも、こういう知らせに対して、親には前もって心の準備をさせないとね。

136

A : В этот раз я воспользуюсь шпаргалкой и сдам сессию.
B : А что, если ты попадёшься?
A : Когда пользуешься шпаргалкой, такие мысли только мешают. Тут главное – на сто процентов верить, что всё получится.

A：今回、カンニングペーパーを使って試験に合格するよ。
B：ばれたらどうするの？
A：カンニングペーパーを使うとき、そういう考えは邪魔なだけだ。ここで大事なのは、全てうまくいくって100パーセント信じることさ。

A : У тебя уже третий день не прекращается кашель. Уж не заболел ли ты?
B : Надеюсь, что нет. Думаю, всё обойдётся. Мне просто надо как следует выспаться. Отдохну и выздоровею.
A : А что, если ты заразился гриппом? Сейчас он свирепствует по всей Японии. Сходи в поликлинику.

A：もう3日も咳が止まらないね。病気になったんじゃないの？
B：そうじゃなきゃいいんだけど。大丈夫だよ。しっかり寝ればいいだけ。休んだら回復するさ。
A：インフルエンザにかかっていたらどうするの？ 今、日本中で流行っているからね。病院に行ってきなよ。

A : Когда ты уезжаешь в Японию?
B : Ты знаешь, о билете на самолёт я совсем забыл. Так что я ещё его не заказывал.
A : Подожди! У тебя ведь скоро закончится виза?!
B : Да... Что, если я так и не успею достать билет...

A：いつ日本へ帰るの？
B：ぼくさ、飛行機のチケットのことすっかり忘れてて、だからまだ予約してないんだ。
A：まって、ビザはもうすぐ切れるんじゃないの？
B：うん。チケットがもう手に入らなかったらどうしよう。

(60) то́лько когда́… / лишь когда́…
〜してはじめて

解説・用法

何かを経験してやっとある状態になることを表す。

■ то́лько когда́… / лишь когда́…

[例] Не сдава́йся! Зна́ешь, ты мо́жешь оста́вить наде́жду, то́лько когда́ сде́лаешь всё возмо́жное для достиже́ния це́ли.
[訳] 諦めちゃだめ！ 目標達成のためにできることを全てやってはじめて、諦めていいんだから。

[例] Челове́к осознаёт, что он сча́стлив, лишь когда́ ви́дит несча́стье друго́го.
[訳] 人は他人の不幸を見てはじめて自分が幸せだと自覚する。

[例] Таки́е ве́щи, как менталите́т и обы́чаи друго́й на́ции, мо́жно поня́ть, лишь когда́ сам столкнёшься с их проявле́ниями.
[訳] 他の民族のメンタリティーや習慣といったものは、それらに自分でぶつかってはじめて理解できる。

例文

A : Ты пьёшь сли́шком мно́го ко́фе и при э́том ма́ло спишь. Э́то же вре́дно для здоро́вья!
B : А что де́лать? Рабо́ты и учёбы мно́го, а вре́мени совсе́м нет.
A : Говоря́т, челове́к начина́ет забо́титься о своём здоро́вье, то́лько когда́ заболева́ет. Поэ́тому тебе́ сто́ит отказа́ться от ко́фе и бо́льше спа́ть.

A : きみはコーヒーを飲み過ぎ。なのに全然寝ない。それは健康に悪いぞ。
B : どうしたらいいのさ。仕事と勉強はたくさんあるけど、時間が全然ない。
A : 人は病気になってはじめて、自分の健康を気遣い始めるっていうよ。だからコーヒーをやめてもっと寝なきゃ。

A : Почему́ ты не живёшь у роди́телей, а снима́ешь себе́ кварти́ру? Ведь университе́т не насто́лько далеко́ от их до́ма, что́бы ты не мог отту́да е́здить.
B : Мне про́сто надое́ло жить с роди́телями. Они́ до сих пор вме́шиваются в мои́ дела́. Я ведь уже́ взро́слый.
A : Е́сли ты так говори́шь, зна́чит, ты ещё ребёнок. Шучу́, коне́чно. Про́сто для роди́телей ты всегда́ бу́дешь ма́леньким.
B : Ха-ха, то же са́мое говори́т и мой оте́ц. Наве́рное, я их пойму́, то́лько когда́ сам ста́ну отцо́м.

A : なぜ親元に住まないで、アパートを借りてるの？ 大学は実家から通えないほど遠くないでしょ。
B : 単に親と住むのが嫌になっただけ。いまだにいろいろ口出してくるんだよ。ぼくはもう大人なのに。
A : そんなこと言ってるようじゃ、まだ子どもだよ。もちろん冗談さ。ただ親にとってきみはずっと小さいままなのさ。
B : ハハ、同じことをお父さんも言ってるよ。たぶん自分が父親になってはじめて、親が理解できるんだろうね。

A : Я не ожида́л, что ру́сский язы́к ока́жется таки́м сло́жным. Е́сли бы я знал э́то ра́ньше, то не стал бы его́ изуча́ть.
B : Э́то то́чно. А у меня́ есть друг, кото́рый ушёл с ка́федры ру́сского языка́ и сказа́л так : "Ли́бо я переста́ну быть челове́ком, ли́бо я бро́шу учи́ть ру́сский язы́к".
A : Интере́сно. Ну, и как он тепе́рь?
B : Он сказа́л, что стал жить в гармо́нии с ми́ром, то́лько когда́ расста́лся с университе́том.

A : ロシア語がこんなに難しいなんて思わなかった。もし前から知っていたら、勉強してないよ。
B : だね。ぼくの友達でロシア語学科をやめたのがいるんだけどさ、こんなことを言ったんだ。「人間やめるか、ロシア語やめるか」。
A : 面白いね。で、彼は今どうなの？
B : 大学をやめてはじめて世界と調和して生きられるようになったってさ。

(61) как 主語 мочь + 動詞
よくも〜ができるな、よく〜ができるものだ

解説・用法

この文型はほとんどの場合、否定的な意味で用いられる。"мочь"は人称や時制により変化する。伴う動詞は不定形。

[例] Как ты мо́жешь… (きみはよく〜できるな)

　　　Как они́ могли́… (彼らはよく〜できたな)

■ как 主語 мочь + 動詞

[例] Профе́ссор всегда́ её угоща́ет. Как она́ мо́жет не чу́вствовать себя́ нело́вко!
[訳] 教授はいつも彼女におごっているね。あの子もよく気まずく感じないものだ。

[例] Как ты мо́жешь сиде́ть до́ма в таку́ю хоро́шую пого́ду? Пойдём гуля́ть!
[訳] こんな天気がいいのによく家にいられるね。散歩に行こうよ。

[例] Как он мо́жет, не успе́в познако́миться, обраща́ться к лю́дям на «ты»?
[訳] 彼は知り合ったばかりでよく人を「きみ」と呼べるな。

[例] Как Са́ша мо́жет покупа́ть так мно́го нену́жных веще́й? Отку́да он то́лько де́ньги берёт?
[訳] よくもまあ、そんなにサーシャはいらないものが買えるな。一体どこから金が出てくるんだ？

例文 CD61

A : Как ты могла́ проспа́ть экза́мен!
B : Э́то всё из-за тебя́! Ты же сказа́л, что он бу́дет на второ́й па́ре!
A : Нет, я то́чно сказа́л, что на пе́рвой па́ре! Ты про́сто перепу́тала вре́мя.
B : Нет, по-мо́ему, ты всё-таки… Ну ла́дно, забу́дем об э́том.

A：よく試験を寝過せたな！
B：完全にきみのせいだよ。きみ、試験は２限って言ったじゃん！
A：いや、ぼくは確かに１限だって言った！ 単にきみが時間を間違えたのさ。
B：いや、やっぱりきみは…もういいや、忘れよう。

A : Как ты мог пропи́ть все де́ньги, кото́рые взял в долг?! Я бо́льше тебе́ никогда́ не бу́ду дава́ть де́нег.
B : Когда́ у меня́ на душе́ тяжело́, меня́ так и тя́нет вы́пить! Напива́юсь и забыва́ю о гру́стном.
A : Как глу́по! Пья́нство – не вы́ход из положе́ния! Ты зря тра́тишь де́ньги и по́ртишь своё здоро́вье. В э́том нет ничего́ хоро́шего! Лу́чше броса́й пить!

A：よくも借りた金を全部酒につぎ込むことができたな！ もうきみには絶対お金貸さないよ。
B：辛いときは飲みたくてしかたないんだ。酔払って悲しいことは忘れるんだよ。
A：まったく馬鹿らしい。飲酒じゃ解決しないよ。金は無駄使いするし、健康を損ねてる。いいことなんか何もない。酒はやめた方がいい。

[A / B：学生]
A : Я ви́дел, что во вре́мя экза́мена он по́льзовался шпарга́лкой, кото́рая лежа́ла у него́ в столе́. В ито́ге он получи́л сто ба́ллов.
B : Как он мог э́то сде́лать?! Вот подле́ц!
A : Да бог с ним! Э́то ведь его́ де́ло!
B : Нет, я бы на твоём ме́сте сра́зу сказа́л преподава́телю. Ведь э́то нече́стно по отноше́нию к други́м студе́нтам.

A：テスト中、彼が机の中でカンニングペーパー使っていたのを見たよ。その結果、彼は100点取ったんだ。
B：よくそんなことができるな。ろくでなしだよ。
A：ほっときな。彼は彼だし。
B：いや、ぼくがきみの立場だったら先生にすぐに言ったな。他の学生に不公平だもの。

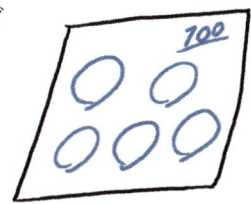

(62) ① **кро́ме** *кого́-чего́*
② **за исключе́нием** *кого́-чего́*
〜以外は、〜をのぞいて

解説・用法

①②は生格を伴う。②はより堅い文で使われる。

① **кро́ме** *кого́-чего́*

[例] В коне́чном счёте, никому́ нельзя́ ве́рить, кро́ме себя́.
[訳] 結局のところ、自分以外を信じてはいけない。

[例] В Росси́и я нигде́ не была́, кро́ме Москвы́.
[訳] ロシアはモスクワ以外どこにも行ったことがない。

② за исключе́нием *кого́-чего́*

[例] В Япо́нии практи́чески нет уче́бников по славя́нским языка́м, за исключе́нием ру́сского.
[訳] 日本にはロシア語をのぞいて、スラヴ語の教科書はほとんどない。

[例] В Япо́нии ещё существу́ет систе́ма пожи́зненного на́йма, за исключе́нием предприя́тий с уча́стием иностра́нного капита́ла.
[訳] 外資系企業をのぞいて、日本ではまだ終身雇用制度が存在している。

例文

CD 62

A: Как у тебя́ дела́ с учёбой?
B: Всё отли́чно, за исключе́нием одного́.
A: А и́менно?
B: Де́ло в том, что у други́х студе́нтов в мое́й гру́ппе у́ровень ру́сского языка́ значи́тельно ни́же моего́, и для меня́ ма́ло то́лку от таки́х уро́ков. Я хочу́ перейти́ в гру́ппу повы́шенного у́ровня.
A: Здо́рово! А я, наоборо́т, ду́маю перевести́сь в элемента́рную гру́ппу.

A：勉強はどう？
B：あることをのぞいてすべて順調だよ。
A：というと？
B：実はさ、クラスメイトのロシア語のレベルがぼくよりかなり低いから、授業に出てもあまり意味がないんだ。上のクラスに移りたいな。
A：すごいね。ぼくは逆に基礎クラスに移ろうかと考えてるよ。

A : Какие виды спорта, кроме шахмат, тебе нравятся?
B : Почему "кроме шахмат"? В России они считаются спортом?
A : Да, хотя я с этим не согласен. Ведь нет никакой физической нагрузки. Для меня шахматы – это скорее игра, чем спорт.

A：チェス以外でどんなスポーツが好き？
B：なんでチェス以外なの？ロシアではチェスはスポーツなの？
A：そうだよ。ぼくはそうは思わないけど。だってまったく体を動かさないもの。ぼくにとってチェスはスポーツというよりゲームだな。

CD 62

A : Ты обращался к врачу? Что он тебе сказал?
B : Врач считает, что это мигрень. У меня в семье все, кроме младшего брата, ею страдают. Говорят, мигрень передаётся по наследству.

A：医者に行った？なんて言われたの？
B：医者が言うには偏頭痛だって。弟をのぞいて家族全員がこれに苦しんでいるよ。偏頭痛は遺伝するって言われてるんだ。

A : За исключением Москвы и Петербурга, в России мало мест, где бы были учебные заведения для иностранцев.
B : Нет, на самом деле, они есть и в других городах. Только в Японии об этом мало кто знает.

A：モスクワとペテルブルクをのぞいて、ロシアには外国人用の学習機関がある所は少ないよね。
B：いや、実は他の街にもあるよ。ただ知っている人が日本には少ないんだよ。

143

(63) ① судя по чему́ ② судя по тому́, …
～ところを見ると、から判断すると

解説・用法

ある状況や事象から何かを判断する時に使用される。"судя по"は与格を伴う（①）。後に文を置く場合は、"судя по тому́, что… / 疑問詞…"になる（②）。

① судя по чему́

> [例] Судя по реа́кции чле́нов коми́ссии, меня́ не при́няли на рабо́ту. Опя́ть на́до начина́ть всё с нуля́.
> [訳] 面接官の反応からすると、雇ってもらえなかったな。またゼロからすべてやり直しだ。

> [例] Я не хочу́ тебя́ оби́деть, но, судя по твои́м слова́м, ты сам во всём винова́т.
> [訳] 怒らせたくないが、きみの話から判断するとすべてきみが悪い。

> [例] Судя по её мане́рам, она́ из бога́той семьи́.
> [訳] 彼女は、立ち居振る舞いからして、お金持ちの家の子だよ。

② судя по тому́, …

> [例] Судя по тому́, что ты понима́ешь ру́сские шу́тки, ты до́лго про́жил в Росси́и.
> [訳] ロシアのジョークがわかっているところを見ると、ロシアに長いこと住んでいたんだね。

> [例] Судя по тому́, с каки́м акце́нтом Са́ша говори́т по-ру́сски, он, скоре́е всего́, рос на Украи́не.
> [訳] ロシア語のなまりからすると、おそらくサーシャは子どもの頃ウクライナで育ったのだろう。

> [例] Судя по тому́, что А́ня совсе́м мне не звони́т, она́ ещё на меня́ обижа́ется.
> [訳] まったく電話をくれないところを見ると、アーニャはまだぼくに怒っているな。

例文

A: Посмотри вот на эту фотографию. В центре стоит моя младшая сестра.
B: О, какая милая девочка! Судя по фотографии, она в будущем станет настоящей красавицей.

A: ほら、この写真見てよ。真ん中に立ってるのが妹なんだ。
B: おお、かわいいね！ 写真からすると、将来すごい美人になるな。

A: Сегодня я снова пригласил Нину в музей и получил от неё в ответ такое сообщение: «В этот день я занята. Давай в другой раз. Извини!». Как ты думаешь, у меня ещё есть надежда?
B: Судя по её сообщению, она тебе отказала. То есть тебе не на что надеяться.
A: А тогда зачем она написала «Давай в другой раз»?
B: Просто она не хотела тебя обидеть.

A: 今日、またニーナを美術館に誘ったんだ。そしたらこんなメールが来た。「その日は忙しいの。今度にしよう。ごめん！」 どう思う？ まだ望みはある？
B: メールから判断して、きみの誘いを断ってる。つまりもう望みはない。
A: だったらどうして「今度にしよう」って書いたのさ？
B: 傷つけたくなかったんだよ。

A: Я слышала, что твою маму положили в больницу. Надеюсь, ничего серьёзного?
B: Спасибо за беспокойство. На самом деле, у неё перелом ноги. Вчера я как раз навестил её в больнице. Она, похоже, скоро поправится, судя по тому, что она уже может ходить без костылей.

A: きみのお母さん、病院に運ばれたって聞いたよ。大した事なければいいけど。
B: 心配してくれてありがと。実は、足を骨折してね。昨日、ちょうど見舞いに行ったよ。松葉杖無しでもう歩けるところを見ると、すぐ回復するんじゃないかな。

(64)
① не дай Бог + 動詞 / не хвата́ло (ещё) + 動詞
② не дай Бог, что́бы… / не хвата́ло (ещё), что́бы…
〜はまずい、〜は嫌だ

解説・用法

①は、動詞の不定形を伴う。②は従属文を導く。"не дай Бог"は挿入語としても使用可（③）。"не дай Бог"は「そうならないでほしい」というニュアンス、"не хвата́ло ещё"はイライラや不満の意を含む。

① не дай Бог + 動詞 / не хвата́ло (ещё) + 動詞

[例] Сюда́ должна́ прийти́ О́ля? Не дай Бог нам встре́титься!
[訳] オーリャはここに来ることになってるの？会うのは勘弁だな。

[例] Не хвата́ло мне расста́ться с Ми́шей! Я не могу́ без него́ жить!
[訳] ミーシャと別れるのは嫌よ。彼なしじゃ生きていけないわ！

② не дай Бог, что́бы… / не хвата́ло (ещё), что́бы…

[例] Не хвата́ло ещё, что́бы ты забы́л паро́ль!
[訳] パスワードを忘れたのはまずいよ。

[例] Мне сно́ва присни́лось, что тебя́ уби́ли. Не дай Бог, что́бы э́тот сон сбы́лся.
[訳] またきみが殺される夢を見た。正夢になるのは勘弁だよ。

③ не дай Бог：挿入語として使われる

[例] Не дай Бог, я опозда́ю на собесе́дование.
[訳] 面接に遅れるのはまずい。

例文

CD 64

A : Кто́-то настуча́л дире́ктору общежи́тия, что я курю́ в ко́мнате. Не дай Бог, меня́ вы́селят!
B : Так ведь куре́ние в ко́мнате запрещено́ пра́вилами общежи́тия.
A : Но выгоня́ть из общежи́тия – э́то сли́шком стро́гое наказа́ние.

A：ぼくが部屋で喫煙してるのを、誰か寮長にちくったな。退寮は勘弁だよ。
B：そりゃあ、部屋での喫煙は寮の規則で禁止されてるからね。
A：だけど、退寮は厳しすぎる罰だよ。

CD 64

A : Мы ждём её уже́ це́лый час! Мо́жет, она́ заблуди́лась?
B : О́чень да́же мо́жет быть. Она́ впервы́е в Москве́ и е́дет на метро́ то́же в пе́рвый раз.
A : Не дай Бог, что́бы она́ оши́блась при переса́дке! У неё нет моби́льника, поэ́тому мы не смо́жем с ней связа́ться!

A：もう１時間も彼女を待ってる。もしかして道に迷ったのかな？
B：十分ありえるね。彼女、モスクワは初めてだし、地下鉄乗るのも初めてだ。
A：乗り換えを間違えるのはまずいぞ。彼女、携帯ないから連絡取れないよ！

A : Слы́шал, что И́горя забра́ли в а́рмию? А ты когда́ пойдёшь?
B : У меня́ ещё есть год в запа́се. Ах, не хвата́ло мне ещё идти́ в а́рмию. Я постара́юсь поступи́ть в институ́т и получи́ть отсро́чку.

A：イーゴリが軍隊にとられたよ。きみはいつ行くの？
B：まだ１年猶予があるね。軍隊に行くのは勘弁してほしいなあ。頑張って大学に入って、猶予期間をもらうよ。

A : Мой со́товый не включа́ется. Не хвата́ло, что́бы он слома́лся!
B : Мо́жет, про́сто батаре́йка се́ла?
A : Нет, вчера́ ве́чером я то́чно поста́вил его́ на подзаря́дку. Как же не во́время он вы́шел из стро́я!

A：携帯の電源が入らない。壊れたなんて勘弁だよ。
B：電池が切れただけじゃないの？
A：いや、きのうの夜、確かに充電した。なんて悪いタイミングで故障するんだ。

(65) ..., не говоря́ уже́ о *ком-чём*　～はもちろん、…も

解説・用法

前の文の内容を確認し、補足する。前置格を伴う。

■ ..., не говоря́ уже́ о *ком-чём*

[例] Он свобо́дно владе́ет ру́сским языко́м, не говоря́ уже́ об англи́йском.
[訳] 彼は、英語はもちろん、ロシア語も自在に操る。

[例] Я никогда́ не ви́дел привиде́ний, не говоря́ уже́ об НЛО.
[訳] UFOはもちろん、幽霊も見たことがない。

[例] Я не пью пи́во, не говоря́ уже́ о во́дке.
[訳] ウォッカはもちろん、ビールも飲まない。

例文

CD 65

A：Я сама́ себе́ гото́влю и обе́д, и у́жин, не говоря́ уже́ о за́втраке.
B：А ты совсе́м не пита́ешься вне до́ма?
A：Иногда́ мы с друзья́ми хо́дим обе́дать в рестора́н, но я обы́чно приношу́ обе́д из до́ма. Э́то деше́вле.

A：私は、朝食はもちろん、昼食、夕食も自分で作ってるんだ。
B：外食はまったくしないの？
A：時々、友達と昼食にレストランへ行くけど、ふだんはお弁当を持っていくの。その方が安いから。

A：Лю́ди ста́ли покупа́ть CD и DVD гора́здо ме́ньше. Ведь че́рез Интерне́т мо́жно беспла́тно ска́чивать☆ фи́льмы, не говоря́ уже́ о му́зыке.
B：Осо́бенно про́сто ска́чивать их с зарубе́жных са́йтов.
A：Хотя́ э́то и незако́нно, но все э́то де́лают.

A：CDとDVDを買う人がかなり減った。インターネットで音楽はもちろん、映画もただでダウンロードできるからね。
B：とくに外国のサイトからだととても簡単に落とせる。
A：これは違法だけど、みんなやってるね。

> A：Я ни рáзу нé был в Москвé, не говоря́ ужé о Петербу́рге. Я был то́лько во Владивосто́ке.
> B：Ну и каки́е у тебя́ впечатле́ния?
> A：Мácca впечатле́ний. Дáже не зна́ю, с чего́ нача́ть. Есть и хоро́шие, и плохи́е!
> B：Начни́ с хоро́ших! А плохи́е мо́жешь оста́вить при себе́.

A：ぼくは、ペテルブルクはもちろん、モスクワにも行ったことがない。行ったことがあるのはウラジオストックだけだよ。
B：で、どんな印象だった？
A：たくさんありすぎてね。何から話したらいいかもわからないよ。いいのもあれば、悪いのもあるね。
B：いい方から話して！ 悪いのは自分の中にしまっておいていいよ。

CD 65

> [A：日本に住むロシア人 / B：日本人]
> A：Я сейчáс занимáюсь по́иском рабо́ты, но покá ничего́ не получáется.
> B：Э́то вполнé поня́тно. Дáже нам, япо́нцам, тяжело́ устро́иться на рабо́ту, не говоря́ ужé о вас, иностра́нцах.
> A：Иностра́нцам намно́го трудне́е. Я ужé потеря́ла уве́ренность в себе́.
> B：Да брось ты! У тебя́ всё полу́чится!

A：今、仕事を探しているんだけど、まだうまくいってないんだ。
B：それはあたり前だよ。きみら外国人はもちろん、ぼくら日本人だって就職するのは難しいんだから。
A：外国人の方がよっぽど難しいよ。自信をなくしちゃったよ。
B：いやいや、きみはうまくいくさ。

(66) не име́ть значе́ния (для кого́-чего́)
(～にとって)意味をもたない、問題ではない

解説・用法

意味を強調したい時は "никако́го" を付して "никако́го значе́ния" にする。

■ не име́ть значе́ния (для кого́-чего́)

[例] Для мно́гих студе́нтов учёба не име́ет никако́го значе́ния.
[訳] 多くの学生にとって勉強は何の意味も持たない。

[例] Для бога́тых люде́й ме́лкие тра́ты не име́ют значе́ния.
[訳] お金持ちにとって小さな出費は問題じゃない。

[例] Диза́йн со́товых телефо́нов не име́ет значе́ния. Са́мое гла́вное – их фу́нкции.
[訳] 携帯のデザインは問題じゃない。一番大事なのは機能だ。

例文

A: Éсли на́до, я одолжу́ тебе́ де́ньги.
B: Нет, спаси́бо. Я, как пра́вило, не занима́ю де́нег.
A: Это, безусло́вно, пра́вильно. Друзья́ мо́гут поссо́риться из-за де́нег. Хотя́, с друго́й стороны́, для дру́жбы де́ньги не име́ют значе́ния.
B: В то же вре́мя, де́ньги игра́ют ва́жную роль. Ведь ты вы́нужден тра́тить бо́льшую часть свое́й жи́зни на то, что́бы их зарабо́тать.

A：必要なら、お金を貸すよ。
B：いや、いいよ。ありがとう。お金を借りないことにしているんだ。
A：まったくもって正しいね。お金のせいで友達はケンカするかもしれない。でも一方で、友情にとってお金は意味を持たない。
B：それでいて、お金の役割はとても大事だよ。だって人生の大半をお金を稼ぐために費やさなきゃいけないんだから。

A: Ра́зве и́мя и хара́ктер челове́ка взаимосвя́заны?
B: Скоре́е всего́ и́мя си́льно влия́ет на хара́ктер.
A: А по-мо́ему, и́мя не име́ет никако́го значе́ния. Наприме́р, иеро́глиф "剛" в моём и́мени име́ет смысл "си́льный", но я по хара́ктеру сла́бый.
B: Да нет же, наоборо́т. Ты себя́ пло́хо зна́ешь. Ты ка́жешься сла́бым, но на са́мом де́ле, у тебя́ желе́зная во́ля.

A：本当に人の名前と性格は互いに関係しているのかな？
B：きっと名前は性格にかなり影響を与えるよ。
A：名前はまったく関係ないとぼくは思うけどな。たとえば、ぼくの名前の「剛」は「強い」という意味を持っているけど、ぼくは気弱な性格だよ。
B：いやいや、反対。自分のことをよくわかってないな。きみは弱そうだけど、実際は鉄のように強い意志を持っているじゃない。

A: Я ли́чно ду́маю, что при вы́боре спу́тника жи́зни вне́шность не име́ет осо́бого значе́ния.
B: Коне́чно. Но мно́гие счита́ют, что вне́шние да́нные – э́то гла́вный фа́ктор. А хара́ктер для них стои́т на второ́м ме́сте.

A：個人的に人生の伴侶選びに容姿はたいして意味を持たないと思う。
B：もちろん。でも容姿は重要なファクターだと考える人も多いよ。性格は2番目にくるのさ。

[A：ロシア人 / B：日本人]
A: Ничего́, что у меня́ нет о́пыта рабо́ты в рестора́не? Бою́сь, меня́ не возьму́т рабо́тать официа́нтом.
B: В при́нципе, о́пыт не име́ет значе́ния для тако́й рабо́ты. В Япо́нии иностра́нцы ча́сто подраба́тывают в рестора́нах.

A：レストランで働いた経験がないんだけど、大丈夫かな？　店員として採ってもらえないかもと思って。
B：基本的にそういう仕事に経験は関係ないよ。日本ではレストランでよく外国人がアルバイトしているよ。

(67) э́то же ＋ 名詞
～（のこと）だから、～なら、～なんだから

解説・用法

ある内容に関して、「～（のこと）だから、～なら、～なんだから…だ」と意味を強める時に用いる。

[例] Э́то же про́сто психологи́ческий тест. Не принима́й бли́зко к се́рдцу его́ результа́ты.
[訳] 単なる心理テストなんだから、結果は気にしすぎないで。

■ э́то же 名詞

[例] Не пережива́й. Э́то же всего́ лишь сон. Тако́го не мо́жет случи́ться на са́мом де́ле.
[訳] 心配しない。ただの夢なんだからそんなこと実際起こらない。

[例] Э́то же обы́чный докла́д. Ты подгото́вишь его́ за оди́н день. Про́сто найдёшь информа́цию в Интерне́те и ка́к-нибудь объедини́шь её, что́бы получи́лся свя́зный текст, вот и всё!
[訳] 普通のレポートなんだから一日で準備できる。ネットで情報を見つけて、筋の通った文になんとかまとめるあげるだけさ！

[例] Э́то же сбо́рная Росси́и. Коне́чно, она́ вы́играет чемпиона́т!
[訳] ロシア代表のことだから、当然優勝するよ。

例文

CD 67

[A：ロシア人／B：日本人]

A：Ты так ча́сто извиня́ешься. Коне́чно, я понима́ю, что в Япо́нии все так де́лают, но мне ка́к-то не по себе́.
B：Ра́зве э́то пло́хо?
A：Нет, но всё-таки я сове́тую тебе́ боро́ться с э́той привы́чкой, потому́ что в Росси́и не при́нято извиня́ться по пустяка́м.
B：Зна́ешь, я ничего́ не могу́ с собо́й поде́лать. Э́то же национа́льная черта́ япо́нцев. Мне тру́дно вести́ себя́ по-друго́му.

152

A：きみは本当によく謝るよね。もちろん日本ではみんなそうするのはわかるけど、私はなんだか嫌だな。
B：これって悪いことかな？
A：そうじゃないんだけど、やっぱりその癖は克服した方が良いと思う。ロシアではふつう小さなことで謝ったりしないから。
B：どうにもできないんだね。日本人の国民性だから、そうなっちゃうんだ。

A：Посмотри, похоже, у меня полетел компьютер! А ведь не прошло ещё и трёх месяцев с тех пор, как я его купил…
B：Что? Это же японский компьютер. Он не должен был сломаться так быстро.
A：Но он не включается! Ладно, ведь ещё действует гарантия.
B：А-а, тогда скорее отдай его в починку.
A：Пожалуй, я так и сделаю или попрошу в магазине заменить его на новый.

A：見て、私のパソコン壊れちゃったみたい。買ってから3ヶ月も経ってないのに。
B：え？日本のパソコンなんだから、そんなにすぐ壊れるわけないよ。
A：でも電源が入らないんだよ。まあいいか、まだ保証が効くもんね。
B：ああ、そしたら早く修理に出しなよ。
A：たぶんそうする。それかお店で新品に交換してくれるよう頼むよ。

A：Зачем я только посмотрела этот фильм ужасов? Теперь по ночам не могу заснуть от страха.
B：Чего ты боишься? Это же всё выдумка. Такого не бывает на самом деле.
A：Но всё-таки мне страшно спать без света.

A：なんでよりによってこのホラー映画を見たんだろう。もう怖くて夜寝れないよ。
B：何が怖いの？ 全くの作り話なんだから、そんなこと実際に起きないよ。
A：でもやっぱり電気消して寝るのは怖いな。

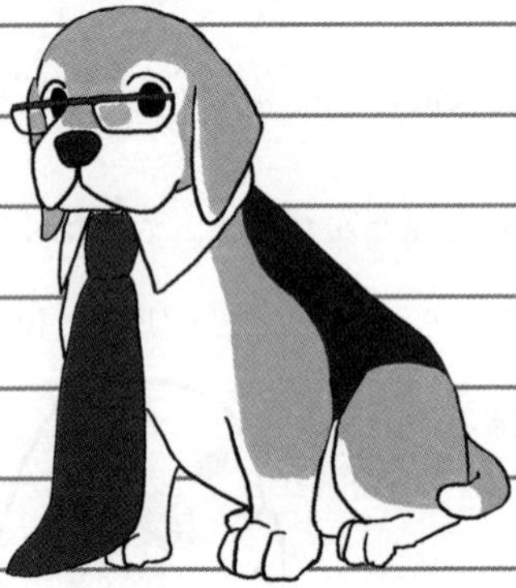

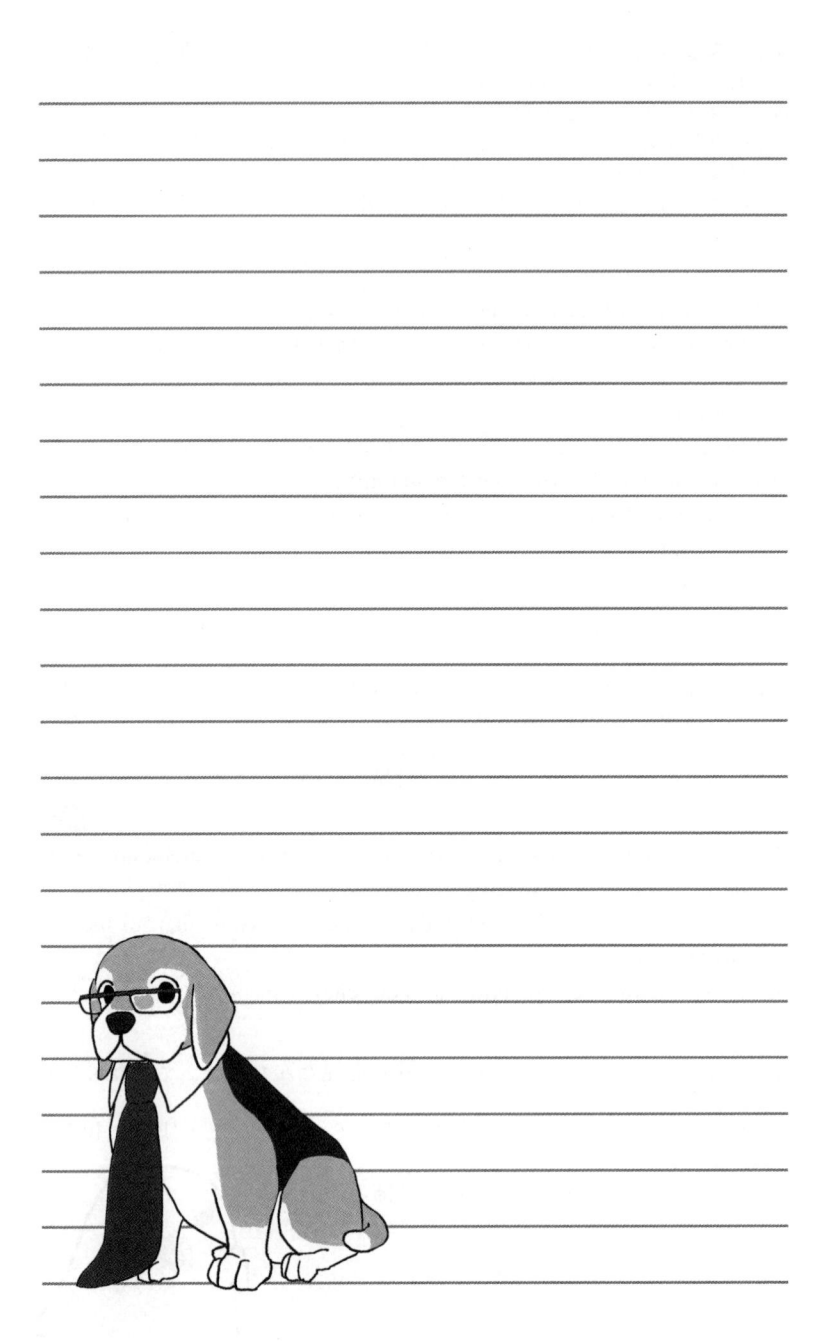

Часть 4

(68) 疑問詞 + бы ни + 動詞
（いくら、どんなに、どこに、何を）〜しても、…

解説・用法

"ни" を伴う動詞は不完了体で、過去形をとる。疑問詞は "как/что/где/когда" などを置く。主語は "бы" と "ни" の間にくることが多い。

■ 疑問詞 бы ни + 動詞

[例] Ско́лько бы я ни иска́л, кошелька́ нигде́ не́ было.
[訳] いくら探しても、財布はどこにもなかった。

[例] Как бы ни была́ тяжела́ жизнь, в ней быва́ют и ра́дости.
[訳] どんなに人生がつらくても、楽しいこともある。

[例] Я бро́сил англи́йский язы́к и заня́тия бе́гом. Что бы я ни де́лал, я всё сра́зу броса́ю.
[訳] 英語とジョギングをやめた。何をやってもすぐやめてしまう。

[例] С кем бы он ни встреча́лся, отноше́ния вско́ре зака́нчиваются.
[訳] 彼は誰とつきあっても、すぐに終わってしまう。

例文

A : Слу́шай, Со́ня, ты сли́шком мно́го ку́ришь! Так ты не смо́жешь сохрани́ть свою́ красоту́ и мо́лодость.
B : Како́й бы краси́вой я ни была́, я всё равно́ соста́рюсь, и моя́ красота́ уйдёт.
A : Да ла́дно, не говори́ глу́постей.

A : いいかい、ソーニャ、きみは煙草吸いすぎだよ。それじゃ、美しさと若さを保てない。
B : どんなに私がきれいでも、どのみち年をとって、美しさは消えちゃうのよ。
A : そんなこと言って。馬鹿なこと言わないの。

A : Почему́ ты так по́здно? Я прожда́л тебя́ на тако́м моро́зе це́лый час.
B : Прости́! Но не забыва́й, что я живу́ далеко́.
A : Понима́ю, но как бы ты ни извиня́лась, в э́тот раз я не прощу́ тебя́. Ведь э́то не пе́рвый слу́чай!

A : どうしてこんなに遅いの？　この寒さの中、1時間も待ってたんだぞ。
B : ごめんね。でも、私が遠くに住んでるのを忘れないでよ。
A : わかるよ。でもいくら謝っても今回は許さない。だってこれが初めてじゃないでしょ。

A : Как бы я ни стара́лся, у меня́ ника́к не получа́ется говори́ть по-ру́сски дли́нными фра́зами.
B : Тебе́ я́вно не хвата́ет слова́рного запа́са.
A : Нет, слов я зна́ю мно́го, но в ну́жный моме́нт не могу́ их вспо́мнить.
B : Если у тебя́ доста́точный слова́рный запа́с, то тепе́рь тебе́ нужна́ пра́ктика.

A : どんなに頑張っても、ロシア語で長い文がまったくつくれないんだ。
B : 明らかにきみには語彙が足りてないね。
A : いや、単語はたくさん知ってるんだけど、とっさに思い出せないんだよ。
B : 語彙が十分あるなら、次は訓練が必要なのさ。

A : Что бы ма́ма ни говори́ла мла́дшему бра́ту, он её не слу́шает.
B : Ну, э́то поня́тно. Ему́ же всего́ семна́дцать. У него́ ещё продолжа́ется перехо́дный во́зраст. В его́ го́ды ты был таки́м же.

A : 母さんが弟に何を言っても、聞かないんだ。
B : まあ、そうだろうね。だってまだ17歳だもの。まだ反抗期が続いているんだよ。彼ぐらいの年の頃はきみもあんなだったでしょ。

(69) ① A и B – э́то ра́зные ве́щи
② одно́ де́ло A, а друго́е B
АとBは別物だ、АとBは違う

> 解説・用法

AとBには文の構造的に同じ要素がくる。①は、AとBを示してから "– э́то ра́зные ве́щи" と続ける。②は、"одно́ де́ло" と "друго́е" の後にそれぞれ名詞・動詞などを置くことができる。

① A и B – э́то ра́зные ве́щи

[例] Любо́вь и влюблённость – э́то ра́зные ве́щи.
[訳] 愛と恋は別物だ。

[例] "Симпати́чный" и "краси́вый" – э́то для меня́ ра́зные ве́щи.
[訳]「かわいい」と「美しい」は、ぼくにとって別物だ。

② одно́ де́ло A, а друго́е B

[例] Одно́ де́ло замеча́ние, а друго́е – приди́рка.
[訳] 注意といちゃもんは違うよ。

[例] Одно́ де́ло, когда́ ты её бро́сил, а друго́е – когда́ она́ сама́ от тебя́ ушла́.
[訳] 彼女を振ったのと、振られたのでは違う。

[例] Ты почти́ ничего́ не ешь. Э́та дие́та тебя́ до добра́ не доведёт. Одно́ де́ло не есть ли́шнего, а друго́е – совсе́м отказа́ться от пи́щи.
[訳] ほとんど何も食べないね。そのダイエットはいいことにはならないよ。余計なものを食べないのと、絶食するのは別だ。

> 例文

A : Мы с ней реши́ли нача́ть жить вме́сте.
B : Не сли́шком ли ра́но? Вы же познако́мились совсе́м неда́вно. Зна́ешь, одно́ де́ло встреча́ться, а друго́е – жить вме́сте.

A：彼女と一緒に住み始めることに決めたんだ。
B：早すぎないかい？ きみたちつい最近知り合ったんだろう。つき合うのと一緒に住むのは違うよ。

A : Ты уме́ешь чита́ть по-кита́йски?
B : Нет. Кита́йские и япо́нские иеро́глифы – это соверше́нно ра́зные ве́щи.
A : Но оди́н мой знако́мый кита́ец говори́л мне, что он понима́ет значе́ние япо́нских иеро́глифов.
B : Да, кита́йцы дово́льно хорошо́ понима́ют япо́нские иеро́глифы, а япо́нцы кита́йские – нет.

A：中国語が読める？
B：いや、中国語と日本語の漢字はまったくの別物だよ。
A：でも、知り合いの中国人が言ってたけど、彼は日本の漢字の意味がわかるって。
B：うん。中国人はけっこう日本語の漢字わかるんだよ。でも日本人は中国語の漢字はわからないんだ。

A : Япо́ния – недружелю́бная к иностра́нцам страна́. Тут их никогда́ не беру́т в штат, потому́ что им не доверя́ют, то есть ещё оста́лась дискримина́ция в отноше́нии иностра́нцев.
B : Ты э́то зна́ешь по своему́ о́пыту?
A : Нет, но мно́гие так говоря́т.
B : Ну, одно́ де́ло, когда́ ты зна́ешь о чём-нибудь понаслы́шке, а совсе́м друго́е – когда́ испыта́л на себе́. По-мо́ему, Япо́ния не така́я страна́, как ты её себе́ представля́ешь.

A：日本は外国人に好意的な国じゃない。まったく正社員として雇ってもらえない。信用されていないからね。つまり外国人に対する差別がまだ残ってるのさ。
B：自分で経験して知ってるの？
A：いや。でもそう言う人は多いよ。
B：まあ、人の話を耳にして知っているのと、自分で経験したのとでは全然違うよ。日本はきみが想像するような国じゃないと思う。

(70)
① незави́симо от *кого́-чего́*
② незави́симо от того́, …
〜に関係なく

解説・用法

生格を伴う（①）。後に文を導く場合、"незави́симо от того́, …"（②）。"того́" 以下には "что"、疑問詞、"ли" などを置いて文を続ける。

① незави́симо от *кого́-чего́*

[例] Пра́во на труд должно́ быть обеспе́чено ка́ждому, незави́симо от по́ла и национа́льности.
[訳] 性別や国籍に関係なく、働く権利は全員に保障されるべきだ。

[例] Англи́йский язы́к тебе́ всегда́ пригоди́тся, незави́симо от ро́да твое́й де́ятельности.
[訳] 職種に関係なく、英語はどんな時も役に立つ。

② незави́симо от того́, …

[例] Симпати́чный па́рень легко́ мо́жет понра́виться любо́й де́вушке, незави́симо от того́, како́й у него́ хара́ктер.
[訳] かっこいい男の子はどんな性格をしているかに関係なく、どの女の子にもよくもてる。

[例] Всегда́ прия́тно получа́ть пода́рки, незави́симо от того́, дороги́е они́ или нет.
[訳] プレゼントは値段が高いかどうかに関係なく、いつもらってもいいものだ。

例文

CD 70

A : Во второ́й полови́не дня меня́ неизме́нно кло́нит в сон, незави́симо от того́, во ско́лько я лёг спать накану́не.
B : Э́то быва́ет, осо́бенно ча́сто на заня́тиях по́сле обе́да. Полтора́ часа́ пролета́ют незаме́тно, и меня́ бу́дит звоно́к.
A : Да-да. Но в э́том никто́ не винова́т. Винова́т обе́д!

A：前の晩何時に寝たかに関係なく、午後はきまって眠たい。
B：あるよね。とくに午後の授業でよくね。いつのまにか90分過ぎて、チャイムで起こされるんだ。
A：そうそう。でも、これは誰も悪くない。悪いのは昼食だよ。

CD70

A：Почему́ ты всё вре́мя разгова́риваешь с незнако́мыми людьми́ в ча́те? Это так интере́сно?
B：Ещё бы. Ведь в ча́те мо́жно обща́ться с ра́зными людьми́, незави́симо от их во́зраста и профе́ссии.
A：А мне, наоборо́т, неприя́тно обща́ться че́рез компью́тер.
B：Ничего́ ты не понима́ешь! Вы не ви́дите друг дру́га, и э́то позволя́ет вам открове́нно разгова́ривать и что́-то обсужда́ть. А при ли́чной встре́че э́того ча́сто не получа́ется.

A：なぜ知らない人とずっとチャットしてるの？そんなにおもしろい？
B：もちろん。年齢や職業に関係なく、いろんな人とつき合えるからね。
A：ぼくは逆に、パソコン越しのつき合いは嫌だな。
B：全然わかってないな。互いのことが見えないからオープンに話せるし、何かを議論できるのさ。直接会ったら、なかなかそうはいかないよ。

A：Я тебе́ сове́тую бо́льше чита́ть ру́сскую класси́ческую литерату́ру, незави́симо от того́, интересу́ешься ты е́ю или нет.
B：А заче́м? Моя́ специа́льность – исто́рия Росси́и. Она́ не име́ет никако́го отноше́ния к литерату́ре.
A：Зна́ешь, в класси́ческих произведе́ниях передаётся атмосфе́ра и дух того́ или ино́го вре́мени. Таки́е зна́ния о́чень поле́зны при изуче́нии исто́рии.

A：ロシアの古典文学に興味があるかどうかに関係なく、もっと読んでみるといいよ。
B：どうしてさ？ぼくの専門はロシア史だよ。文学とはまったく関係ないな。
A：古典作品からはさ、その時代の雰囲気や気風が伝わってくる。そういった知識は歴史の研究にとても役立つよ。

(71) по сравнению с кем-чем
〜と比べて

解説・用法

造格を伴う。

■ по сравнению с кем-чем

[例] В этом году было больше тёплых дней по сравнению с прошлым годом.
[訳] 今年は去年に比べて暖かい日が多かった。

[例] По сравнению с другими магазинами, здесь очень богатый выбор товаров.
[訳] 他のお店に比べて、ここの品揃えはとても豊富だ。

[例] По сравнению с вентилятором, кондиционер потребляет много энергии, поэтому я, как правило, им не пользуюсь.
[訳] エアコンは扇風機に比べて、電気をたくさんくうから使わないことにしている。

例文

CD71

A: Мне кажется, что по сравнению с Японией, в России мало людей, которые носят очки.
B: Это верно – русские их не очень любят.
A: А я слышал, что людей в очках в России презрительно называют «ботаниками» – это правда?
B: Да. А кроме того, зимой в России очень холодно, и стёкла очков потеют. Так что лучше носить контактные линзы.

A: 日本に比べてロシアは眼鏡をかけている人が少ない気がする。
B: その通りだね。ロシア人は眼鏡があまり好きじゃないよ。
A: 眼鏡をしてる人は、「クソ真面目」とロシアでは軽蔑を込めて呼ばれるって聞いたけど、これって本当？
B: そうだね。しかもロシアは冬、すごく寒くて眼鏡のレンズが曇るから、コンタクトレンズをした方がいい。

A : По сравне́нию с ру́сской молодёжью, япо́нская инфанти́льна.
B : Да что ты! Почему́ ты так счита́ешь?
A : В Япо́нии роди́тели, осо́бенно ма́тери, балу́ют дете́й. Ма́тери сидя́т до́ма и всё де́лают для свои́х люби́мых «малыше́й». В конце́ концо́в де́ти стано́вятся инфанти́льными.
B : А в Росси́и ма́тери их не балу́ют, что ли?
A : У нас обы́чно роди́тели о́ба рабо́тают. Поэ́тому ча́сто быва́ет, что де́ти должны́ всё де́лать са́ми.

A：ロシア人に比べて日本人の若者は幼稚だね。
B：本当？ なぜそう思うの？
A：日本は親が子ども甘やかすでしょ。特に母親。母親が家にいて、愛する「赤ちゃん」のために何でもやってくれる。結局、子どもは幼稚になるのよ。
B：ロシアでは母親は子供を甘やかさないわけ？
A：ロシアでは普通は共働き。だから子どもが何でも自分でやらなきゃいけないことがよくあるのよ。

[A：日本人／B：ウクライナ人]
A : Есть ли ра́зница ме́жду украи́нским и ру́сским языка́ми?
B : Безусло́вно, ра́зница есть, но небольша́я. По сравне́нию с ру́сским, украи́нский звучи́т мя́гче. Е́сли хо́чешь, я тебя́ научу́.
A : Нет, я не могу́ учи́ть два языка́ одновре́менно. Кста́ти, а интере́сно, не пу́таются ли у тебя́ в голове́ э́ти два языка́?
B : Нет, э́того не происхо́дит. Потому́ что, когда́ я начина́ю говори́ть, наприме́р, по-ру́сски, я уже́ ду́маю на ру́сском.

A：ウクライナ語とロシア語に違いはあるの？
B：もちろん違いはあるけど、大きくないよ。ロシア語に比べてウクライナ語は響きが柔らかいね。よかったら教えてあげるよ。
A：いや、ぼくには２つの言語を同時に勉強することはできないよ。ところで、２つの言語が頭の中でごちゃごちゃになったりしないのかな？
B：ううん、それはないな。たとえばロシア語で話し始めると、もうロシア語で考えているからね。

(72) ①про́сто ②...и не бо́лее того́
①～だけだ ②～にすぎない、～程度だ

解説・用法

取り立てて言うほどではないことに対して用いる。"и не бо́лее того́" は文末に置く（②）。

① про́сто

[例] Я про́сто сказа́ла пра́вду.
[訳] 私は本当のことを言っただけ。

[例] Я не злюсь на тебя́. Про́сто у меня́ плохо́е настрое́ние.
[訳] きみに腹を立てているんじゃない。気分が悪いだけなんだ。

② ...и не бо́лее того́

[例] Мы с Кири́ллом хоть и знако́мы, но встреча́лись всего́ не́сколько раз и не бо́лее того́.
[訳] 知り合いと言っても、ぼくはキリルと何回か会ったことがある程度だ。

[例] Э́то пра́вда, что роди́тели помога́ют мне материа́льно. Но в ме́сяц они́ присыла́ют мне всего́ три́дцать ты́сяч ие́н и не бо́лее того́.
[訳] たしかに親が経済的に助けてくれる。けど月にたかだか3万円仕送りしてくれる程度だよ。

例文

A: Так во ско́льких же социа́льных сетя́х ты зарегистри́рован?
B: В трёх. А что? Э́то пло́хо? Таки́м о́бразом я хочу́ расши́рить свой круг обще́ния. Потому́ что э́то мо́жет пригоди́ться в бу́дущем.
A: Э́то глу́пые фанта́зии и не бо́лее того́. Верни́сь на зе́млю!
B: Почему́? Мо́жет быть, у меня́ полу́чится завяза́ть знако́мство с си́льными ми́ра сего́.

А：一体いくつソーシャル・ネットワーキングサイトに登録してるの？
B：3つ。それが何？ 悪い？ これでぼくは人脈を広げていきたいんだ。将来役に立つかもしれないからね。
А：そんなの馬鹿げた幻想にすぎないね。現実に戻りなよ。
B：どうして？ 実力者とコネができるかもしれない。

А：Всё вы́глядит о́чень аппети́тно. Э́ти блю́да ты сам пригото́вил?
B：Коне́чно, нет. Я про́сто разогре́л в микроволно́вке заморо́женные полуфабрика́ты.
А：Я так и ду́мала!
B：Зна́ешь, я бы никогда́ не посове́товал тебе́ да́же про́бовать то, что я обы́чно гото́влю.

А：全部すごくおいしそうだね。この料理は自分で作ったの？
B：もちろん違うよ。冷凍食品をレンジで温めただけ。
А：だと思った！
B：ふだん作るものはね、試してみてとは絶対に言えないなあ。

[А：ロシア人／B：日本人]
А：Я испра́вила твой докла́д и то́лько что отпра́вила его́ тебе́ обра́тно по электро́нной по́чте. Посмотри́.
B：Сейча́с посмотрю́. Да, я его́ получи́л. Спаси́бо за по́мощь. В докла́де, наве́рное, бы́ло мно́го оши́бок?
А：Оши́бки действи́тельно бы́ли, но серьёзных не́ было.
B：Да? Прия́тно слы́шать. Ещё раз спаси́бо! Ты мне о́чень помогла́!
А：Не́ за что. Я же про́сто испра́вила текст, напи́санный на моём родно́м языке́.

А：きみのレポートを直して、いまメールで返信したよ。見てみて。
B：いま見てみるね。うん、届いてる。手伝ってくれてありがとうね。たぶんレポートには間違いがたくさんあったよね？
А：たしかにあったよ。でも大きな間違いはなかったね。
B：そう？ そう言われるとうれしいな。本当にありがとう。よく手伝ってくれて。
А：そんなことないよ。私は母国語で書いてあるテキストを直しただけなんだから。

(73) ①и без того́ + 単 語…, а… ②и без того́ + 単 語
①ただでさえ～なのに、… ②ただでさえ～なのに

解説・用法

強調したい語の前に置く。①は、前の文に "и без того́" を置き、"а" 以下で内容を補足する。②は、前の文である内容を言い切り、続く文で "и без того́" を用いる例。

① и без того́ + 単 語…, а…

[例] Тест и без того́ сло́жный, а учи́тель сни́жа́ет ба́ллы за мале́йшую оши́бку.
[訳] ただでさえテストは難しいのに、小さいミスでも先生は減点する。

[例] Я и без того́ занята́ подгото́вкой к экза́менам, а к за́втрашнему дню мне на́до ещё написа́ть рефера́т по литерату́ре.
[訳] ただでさえ試験の準備で忙しいのに、明日までに文学のレポートも書かなければいけない。

② и без того́ + 単 語

[例] Не шуми́ по ноча́м! Я не могу́ спать! У меня́ и без того́ чу́ткий сон.
[訳] 夜は騒ぐな。寝られない。ただでさえ眠りが浅いんだから。

[例] Мне бы́ло стра́шно де́лать докла́д на иностра́нном языке́. Я и без того́ волну́юсь, выступа́я перед пу́бликой.
[訳] レポートの発表を外国語でするのは恐ろしかった。ただでさえ人前で話すと緊張するんだから。

例 文

CD 73

A: Заче́м ты нали́л себе́ ещё пи́ва? Ты и без того́ уже́ пьян!
B: Я вы́гляжу пья́ным?
A: Да, сра́зу ви́дно, что ты уже́ хвати́л ли́шнего. Бо́льше не пей, а то за́втра у тебя́ бу́дет тяжёлое похме́лье.

A：なんでまたビールをついだの？ ただでさえきみはもう酔ってるのに。
B：酔ってるように見える？
A：うん。酔払ってるってすぐにわかるよ。もう飲まないで。でないと明日、きつい二日酔いになるよ。

CD 73

A：Ты опя́ть опозда́ла на пе́рвую па́ру.
B：Зна́ешь, по утра́м на мое́й ли́нии поезда́ ча́сто стоя́т, а я и без того́ по́здно выхожу́ из до́ма, поэ́тому иногда́ не успева́ю к нача́лу пе́рвой па́ры.
A：Тогда́ выходи́ из до́ма пора́ньше.
B：Да, но как хо́чется подо́льше поваля́ться в тёплой посте́ли!

A：また1限に遅刻したね。
B：私が使ってる線はね、朝によく電車が止まるの。ただでさえ家を出るのが遅いのに。だからときどき1限開始に間に合わない。
A：だったら家を早く出なよ。
B：うん。でも温かい布団の中でもう少しごろごろしてたいの！

A：Я полго́да рабо́тал по контра́кту, а вчера́ меня́ вообще́ уво́лили.
B：Как? На что ты тепе́рь бу́дешь жить?
A：Сам не зна́ю. Ах, в после́днее вре́мя у меня́ ре́зко повы́сились расхо́ды. Я и без того́ ма́ло получа́л, а тепе́рь мне на́до самому́ опла́чивать кварти́ру и ка́ждый ме́сяц возвраща́ть креди́т на учёбу. А накопле́ний совсе́м нет…

A：半年間、契約社員で働いて、昨日、完全に首にされたよ。
B：え？ これから何をあてに生活していくの？
A：自分でもわからない。ああ、最近、ぼくは出費が一気に増えたんだ。ただでさえあまりもらってなかったのに、自分で家賃を払って、借りた学費を毎月返さなきゃいけない。貯蓄はまったくなしさ…。

(74) ①недостáточно тогó, что… ②однóго + 名詞 мáло
〜だけでは不十分だ

解説・用法

①は従属文を導く。②では、名詞が生格となる。また、"одúн"は名詞の性や数によって変化する（例：однóго / однóй / однúх）。

① недостáточно тогó, что…

[例] Недостáточно тогó, что ты перед ней извинúшься.
[訳] 彼女に謝るだけじゃ足りないよ。

[例] Недостáточно тогó, что у тебя́ есть квалификáция перевóдчика. Без óпыта рабóты – э́то прóсто бумáжка.
[訳] 通訳の資格があるだけじゃまだまだだよ。仕事の経験がなければ、ただの紙切れさ。

② однóго + 名詞 мáло

[例] Для успéха в жи́зни однóго талáнта мáло.
[訳] 人生成功するには才能だけじゃ不十分。

[例] Чтóбы вы́учить рýсский язы́к, однúх заня́тий в университéте мáло.
[訳] ロシア語を覚えるには、大学の授業だけじゃ足りない。

例文

A: Кáтя хотéла бы преподавáть в Япóнии рýсский язы́к.
B: Как? Наскóлько я пóмню, онá дáже не филóлог по образовáнию. Однó дéло – знать свой роднóй язы́к, а другóе – преподавáть егó иностра́нцам.
A: Ты прав. Недостáточно тогó, что онá носи́тель языкá.

A：カーチャは日本でロシア語を教えてみたいんだ。
B：どうやって？ぼくの覚えている限りだと、彼女の専門は人文ですらないでしょ。母語を知っていることと外国人に教えることは別物だよ。
A：その通り。ネイティブというだけじゃ不十分だね。

A : С апре́ля ты бу́дешь рабо́тать в Осака, да? А твоя́ де́вушка пое́дет вме́сте с тобо́й?
B : Нет, она́ ещё у́чится. Но я не бою́сь разлу́ки. Она́ меня́ о́чень лю́бит.
A : По-мо́ему, одно́й любви́ ма́ло. Я никогда́ не слы́шал, что́бы любо́вь на расстоя́нии продолжа́лась до́лго.

A：4月から大阪で働くんだよね？ きみの彼女は一緒に来るの？
B：いや。彼女まだ学生だからさ。でも離れて暮らすのは恐くないよ。すごく愛されてるんだ。
A：愛だけじゃ不十分だと思うよ。遠距離恋愛が長続きしたなんて聞いたことがないもの。

A : Профе́ссор о́чень помо́г мне в изуче́нии ру́сского языка́. Я хочу́ оправда́ть его́ ожида́ния.
B : Э́то то́лько слова́! Одного́ жела́ния ма́ло.
A : Вот я и ду́маю, не написа́ть ли мне дипло́мную рабо́ту на ру́сском языке́. Хотя́ нет, э́то займёт сли́шком мно́го вре́мени.

A：教授はロシア語の勉強をすごく助けてくれたから、期待に応えたい。
B：口だけでしょ。気持ちだけじゃ足りないよ。
A：それで、卒業論文をロシア語で書いてみようかなって思うんだ。いや、時間がかかりすぎるか。

A : Я ду́мал, что по́сле обуче́ния в Росси́и бу́ду свобо́дно говори́ть по-ру́сски, но прогре́сс не о́чень заме́тен. Ка́к-то сты́дно…
B : Тут не́чего стыди́ться. Для свобо́дного владе́ния ру́сским языко́м недоста́точно того́, что ты год проучи́лся в Росси́и.

A：ロシアで勉強したらロシア語が自由に話せるようになると思ってたけど、あんまり進歩が見えないや。なんだか恥ずかしい。
B：恥ずかしいことはないさ。自在に使えるようになるにはロシアで1年勉強しただけじゃ足りないよ。

(75) ①разуме́ется, (что) … ②есте́ственно, (что) … 当然～だ、～は当たり前だ

解説・用法

①、②共に従属文を導く。①は、意味を強調する為に "само́ собо́й" を添えて、"само́ собо́й разуме́ется, (что)" にできる。また、①、②ともに挿入語としても使用できる。

① (само́ собо́й) разуме́ется, (что) … / разуме́ется

[例] Само́ собо́й разуме́ется, что проверя́ть со́товый люби́мого челове́ка – э́то вмеша́тельство в его́ ли́чную жизнь.
[訳] 当然、恋人の携帯を調べるのはプライバシーの侵害だ。

[例] Разуме́ется, опа́сно ве́рить всему́, что пи́шется на фо́румах в Интерне́те.
[訳] 当然、インターネットの掲示板に書いてあること全てを信じるのは危険だ。

② есте́ственно, (что) … / есте́ственно

[例] Есте́ственно, что э́ту войну́ника́к нельзя́ оправда́ть.
[訳] 当然、この戦争はどのようにしても正当化できない。

[例] Е́сли у тебя́ есть де́ти, до́ступ к порноса́йтам на компью́тере, есте́ственно, до́лжен быть заблоки́рован.
[訳] もし子どもがいたら、もちろんポルノサイトへのアクセスはブロックすべきだ。

例文

A : Ми́ша то́лько неда́вно устро́ился на рабо́ту, но уже́ на́чал ду́мать о перехо́де на другу́ю. Не прошло́ и двух неде́ль!
B : А что у него́ за рабо́та?
A : Он рабо́тает в бухгалте́рии и говори́т, что рабо́та о́чень ску́чная.
B : В бухгалте́рии? Есте́ственно, что э́то не для него́.

A：ミーシャはつい最近就職したけど、もう転職を考えている。2週間も経ってないよ。
B：どんな仕事なの？
A：経理で働いていて、仕事が退屈だって言ってる。
B：経理で？ それはもちろん彼に向いてないよ。

A：Интере́с к культу́ре страны́ изуча́емого языка́ – э́то мо́щный сти́мул к учёбе.
B：Да, само́ собо́й разуме́ется, что интере́с к культу́ре о́чень помога́ет осва́ивать язы́к.
A：Вот посмотри́, наприме́р, на Сёко. Она́ так и гори́т жела́нием вы́учить ру́сский язы́к. А всё потому́, что она́ лю́бит не то́лько ру́сский язы́к, но и ру́сский бале́т.

A：学んでる言語の国の文化に興味を持つことは、勉強する上で強力な刺激になる。
B：そう。当然、文化に対する関心は言語を身につける上でとても役に立つね。
A：たとえばさ、祥子を見てごらんよ。ロシア語を覚えようとあんなに希望に燃えてるじゃない。これは、ロシア語だけじゃなく、ロシアバレエも好きだからなんだ。

A：Япо́нцам, есте́ственно, сло́жно жить в Росси́и, потому́ что её культу́ра си́льно отлича́ется от япо́нской.
B：Да? А я не испы́тывала никаки́х тру́дностей во вре́мя стажиро́вки в Москве́.
A：А ты бы хоте́ла опя́ть пое́хать, е́сли была́ бы така́я возмо́жность?
B：С удово́льствием. Зна́ешь, по́сле жи́зни в Росси́и я не могу́ привы́кнуть к жи́зни в Япо́нии.

A：当然、ロシアは日本人にとって住みづらい。ロシアの文化は日本のとかなり違うからね。
B：そう？ 私はモスクワ留学中、何も困ったことはなかったよ。
A：もしそういう機会があったら、また行きたい？
B：喜んで。ロシアに住んだ後だとね、日本の生活に慣れることができないんだ。

(76) ①решáться-решúться + 動詞
②решáться-решúться на *что*
～を決心する、思い切って～する

解説・用法

何かを決意した時に使用される。①は、動詞の不定形を伴う。②は対格を伴う。"решáть-решúть"よりも決意のニュアンスが強い。

① решáться-решúться + 動詞

[例] Я решúлся сдéлать Áне предложéние.
[訳] アーニャに思い切ってプロポーズすることにした。

[例] Мы никáк не решáемся рассказáть Сергéю всю прáвду, так как, услы́шав её, он, навернякá, бýдет в шóке.
[訳] ぼくらはどうしても、セルゲイに本当のことを全て話す決心がつかない。それを聞いたら、おそらくショックを受けるからだ。

② решáться-решúться на *что*

[例] Я наконéц-то решúлся на глазнýю операцию.
[訳] やっと眼の手術をする決心がついた。

[例] Аико решúлась на брак с инострáнцем. Их ждёт мнóго проблéм, но, к счáстью, её рóдители и друзья́ – все "за".
[訳] 愛子は外国人と結婚する決心をした。たくさんの問題が待ち受けているが、幸運にも、両親と友達はみな賛成してくれている。

例文

A: Я решúлась учáствовать в кóнкурсе рýсского языкá.
B: О, здóрово! А на какýю тéму бýдет твоё выступлéние?
A: Я покá не знáю, но моя́ специáльность – полúтика, поэ́тому дýмаю рассмотрéть какóй-нибудь политúческий вопрóс.
B: Хм, такáя тéма не подхóдит для кóнкурса. Нужнá тéма, котóрая былá бы интерéсна всем.

A：思い切って日本語コンクールに出てみるよ。
B：おお、すごいじゃん。どんなテーマで出るの？
A：まだわからないけど、私の専門は政治だから、何か政治問題を検討してみようと思う。
B：うーん、そういうテーマはコンクールには合わないよ。誰でも興味をもつようなテーマがいいよ。

A : Я решился взять академический отпуск и поехать на стажировку во Владивосток.
B : Зачем тебе академический отпуск? У вас разве не действует система стажировок по обмену?
A : Да, такая практика есть, но у меня очень плохая успеваемость, поэтому мне "не светит" поехать по обмену.
B : А сколько всего человек отбирают для поездки?
A : Только по одному студенту с каждого курса. Конкурс слишком большой.

A：思い切って休学して、ウラジオストックに留学するよ。
B：どうして休学なの？ きみたちのところでは交換留学制度はないの？
A：いや、そういう実習もあるんだけど、ぼくの成績はとても悪いから、交換留学で行く見込みはないんだ。
B：行ける人は何人選ばれるの？
A：1学年でたったの1人ずつ。倍率が高すぎるよ。

[A：ロシア人 / B：日本人]
A : Я решилась на татуировку. Хочу, чтобы у меня на спине были какие-нибудь иероглифы.
B : Нет, ни в коем случае не делай этого. Не знаю, как в России, но в Японии косо смотрят на людей с татуировкой.
A : А кто её на спине увидит!?

A：思い切ってタトゥーを入れようと思うの。背中に何か漢字がほしいな。
B：いや、絶対にやめな。ロシアはどうだか知らないけど、日本では入れ墨をしている人は白い眼でみられる。
A：背中のタトゥーなんか誰に見えるのよ。

> (77) ① раз…, значит, …
> ② … Это значит, (что) …
> ①〜ということは、…だ　②ということは…だ

解説・用法

①は、"раз" が導く文の内容を前提にして、"значит" 以下で結果を述べている。②は、前文の内容を "Это" で受けて、"〜ということだ" と続ける。

① раз…, значит, …

[例] Раз Катя сама дала тебе свой номер, значит, ты ей понравился.
[訳] カーチャが自分から番号を教えてくれたってことは、きみのことが気に入ったんだよ。

[例] Не сердись! Раз я не беру трубку, значит, я занят.
[訳] 怒らないでよ。ぼくが電話に出ないのは、忙しいんだから。

② … Это значит, (что) …

[例] В этой компании часто меняются кадры. Это значит, что там плохие условия труда.
[訳] この会社ではスタッフがよく入れ替わる。ということは、労働条件が悪いんだ。

[例] По вечерам он не спешит идти домой. Это значит, что у него не ладится семейная жизнь.
[訳] 彼は夕方になっても急いで家に帰らない。ということは、家庭生活がうまくいっていないのだ。

例文

CD 77

A: Вчера мне приснилось, что я гуляю по Москве с русскими друзьями и мы все болтаем по-русски.
B: О, раз ты видишь сны на русском языке, значит, ты уже в совершенстве овладел русским языком.
A: Что ж, хорошо, если бы это было так.

A：昨日、夢を見たんだけどね、ロシア人の友達とモスクワを散歩していて、みんなロシア語でおしゃべりしているの。
B：おお。ロシア語で夢を見るってことは、もうロシア語を完全にマスターしたんだね。
A：まあ、そうだったらいいけどなあ。

CD 77

A : Та́ня ревну́ет меня́ к мое́й бы́вшей подру́ге, потому́ что та постоя́нно мне пи́шет. А ведь мы тепе́рь с ней про́сто друзья́.
B : Друзья́? Неуже́ли ты ду́маешь, что ме́жду мужчи́ной и же́нщиной мо́жет быть дру́жба?
A : Не зна́ю. У кого́-то, мо́жет, и нет, а у нас, похо́же, получи́лось оста́ться друзья́ми.
B : Не заблужда́йся! Раз она́ ещё пи́шет тебе́, зна́чит, она́ к тебе́ не равноду́шна.

A：ターニャが昔の彼女にやきもちを焼いているんだ。その女の子、いつもぼくにメールしてくるから。もうぼくたち単なる友達なのに。
B：友達？ まさか男と女の間に友情がありえるなんて思っているのかい？
A：わからない。ありえない人もいるだろうけど、どうやら、ぼくたちは友達でいられたみたい。
B：思い違いしないの。まだメールを送ってくるということは、まだきみに気があるのさ。

A : Ты сходи́л с Ма́шей в кино́? Ну и как?
B : Фи́льм-то мы посмотре́ли, а вот пото́м я её пригласи́л в кафе́, но разгово́р не о́чень кле́ился. Зна́ешь, она́ то и де́ло смотре́ла на часы́. Это зна́чит, что ей бы́ло ску́чно и она́ хоте́ла побыстре́е домо́й, да?
A : М-да… Вряд ли у вас что́-то полу́чится.

A：マーシャと映画に行ってきた？ どうだったの？
B：映画なら見たよ。それからカフェに誘ったんだけど、あんまり会話がうまくいかなかった。彼女さ、時計を何度も見ていたんだ。ということは退屈で家に早く帰りたかったんだよ。でしょ？
A：うーん、まあそうだね。きみたちうまくいきそうもないね。

175

(78)
① ско́лько мо́жно + 動詞
② ... Ско́лько мо́жно! ☆
〜にもほどがある、〜にも限度がある

解説・用法

　言動が許容範囲を超えてしまったことに対し、非難の気持ちを込めて使う。①は、動詞の不定形を伴う。②は、前の文の内容に対し、"Ско́лько мо́жно!" と言う場合。

① ско́лько мо́жно + 動詞

[例] Ско́лько мо́жно опра́вдываться!
[訳] 言い訳するにもほどがある。

[例] Она́ то покупа́ет фи́рменные су́мки, то у́жинает в шика́рных рестора́нах. Ну ско́лько мо́жно сори́ть деньга́ми!
[訳] 彼女はブランドもののバッグを買ったり、豪華なレストランで夕食をとったりする。お金の無駄使いにもほどがある。

② ... Ско́лько мо́жно!

[例] Ты опя́ть прогуля́л заня́тие! Ну ско́лько мо́жно!
[訳] また授業をサボったな。限度があるぞ！

[例] Слу́шай, ты всегда́ опа́здываешь и заставля́ешь друзе́й ждать. Ско́лько мо́жно!
[訳] いいか、お前はいつも遅刻して友達を待たせるな。いい加減にしろ。

例文

A : Во ско́лько мы за́втра уви́димся?
B : Извини́, но, наве́рное, за́втра я не смогу́ вы́кроить вре́мя. У меня́ возни́кло одно́ ва́жное де́ло.
A : Что? Ты же сам предложи́л встре́титься. На́до отвеча́ть за свои́ слова́!
B : Ну, начало́сь! Ско́лько мо́жно чита́ть мне нота́ции!

A：明日何時に会う？
B：ごめん、たぶん明日は時間の都合がつかないや。大事な用ができて。
A：何それ？　自分から会おうって言ったんじゃん。自分の言葉に責任を持たなきゃ。
B：またかよ。お説教するにも限度があるぞ。

CD 78

A : У меня́ опуска́ются ру́ки. После́дние три ме́сяца совсе́м не ощуща́ю прогре́сса в изуче́нии ру́сского языка́.
B : Опя́ть ты но́ешь. Ско́лько мо́жно! Я тебе́ уже́ говори́л, что при изуче́нии иностра́нных языко́в прогре́сс заме́тен не сра́зу. Так что не отча́ивайся и занима́йся!
A : Но я уже́ не в си́лах. Мне ка́жется, что у меня́ ничего́ не полу́чится. Как же я уста́л!
B : С таки́ми мы́слями ты, есте́ственно, никогда́ не преодоле́ешь языково́й и психологи́ческий барье́р! Верь в свои́ си́лы!

A：お手上げだ。この３ヶ月間、ロシア語に全然進歩を感じないよ。
B：またぐちぐち言ってる。限度があるよ。外国語学習はすぐに進歩が目に見えないって、もう言ったろ。だから落ち込んでないで勉強しな。
A：けど、もう力がないよ。うまくいかない気がする。疲れた…。
B：当然そんな考えじゃ、外国語の壁と精神的な壁はいつまでたっても克服できないよ。自分の力を信じて！

CD 78

A : Заче́м ты обща́ешься с А́ней? Она́ тупа́я, вре́дная и… Коро́че☆, она́ тебе́ не па́ра!
B : Переста́нь! Ско́лько мо́жно о ней злосло́вить!
A : Но она́ то́же за мое́й спино́й говори́т обо мне га́дости.
B : Ла́дно, хва́тит. Мне э́то неприя́тно, потому́ что вы о́бе мои́ лу́чшие подру́ги. Дава́й сме́ним "пласти́нку".

A：なぜアーニャと付き合ってるの？　あの子は馬鹿だし、意地悪だし、あと…要は彼女、君には不釣り合いだよ。
B：よせよ。悪口を言うにも限度があるぞ。
A：でも彼女も陰で私のことひどく言ってるんだ。
B：ああ、うんざり。２人とも親友だから気分悪い。話題を変えよう。

(79) нельзя́ однозна́чно утвержда́ть, что…
～と一概には言えない

解説・用法

断定的な結論を出せない場合に使われる。従属文を導く。

■ нельзя́ однозна́чно утвержда́ть, что…

[例] Нельзя́ однозна́чно утвержда́ть, что все же́нщины лю́бят мелодра́мы.
[訳] 女性はみなメロドラマが好きだと一概には言えない。

[例] Нельзя́ однозна́чно утвержда́ть, что дороги́е това́ры всегда́ ка́чественные.
[訳] 高いものはいつも質が良いと一概には言えない。

[例] Нельзя́ однозна́чно утвержда́ть, что результа́ты пи́сьменного экза́мена по иностра́нному языку́ то́чно отража́ют у́ровень владе́ния э́тим языко́м.
[訳] 外国語の筆記テストの結果が、そのままその言語の運用能力を反映していると一概には言えない。

例文

A: Нельзя́ однозна́чно утвержда́ть, что ру́сский язы́к сло́жный.
B: Ты же украи́нец! Тебе́ намно́го ле́гче, потому́ что украи́нский и ру́сский – э́то славя́нские языки́, и кро́ме того́, они́ о́чень близки́.
A: Да, но всё-таки э́то два ра́зных языка́. Я уже́ давно́ живу́ в Росси́и и тепе́рь стал непра́вильно говори́ть по-украи́нски.
B: Да ты что?! Я ду́мал, ру́сские и украи́нцы мо́гут легко́ говори́ть на обо́их языка́х.
A: Почему́-то мно́гие япо́нцы так ду́мают, но на са́мом де́ле, э́то не так.

A：ロシア語は難しいと一概には言えないよ。
B：きみはウクライナ人だろ！　きみにとってはずっと簡単だろう。ウクライナ語とロシア語はスラヴ言語だし、しかもとても近いじゃないか。
A：うん、でもやっぱり2つの異なる言語だよ。ぼくはもう長いことロシアに住んでいて、今ではウクライナ語を正しく話せなくなったんだ。
B：本当？　ロシア人とウクライナ人は両言語を簡単に話せると思ってた。
A：なぜかそう思っている日本人は多いけど、実際はそうじゃないんだ。

A: Как ты относишься к пластическим операциям?
B: Очень спорная тема. Сначала ты скажи, что ты об этом думаешь.
A: Не знаю, как ты, а я лично считаю, что пластические операции – большая ошибка. Изменить лицо – это значит, как бы отказаться от генов родителей. А что ты скажешь?
B: По-моему, нельзя однозначно утверждать, что пластическая операция – это плохо. Ведь она может изменить не только лицо, но и жизнь человека к лучшему.

A：整形手術のことをどう考える？
B：ずいぶん議論の余地がある話題だ。まず、きみの意見を聞かせてよ。
A：きみがどう考えてるか知らないけど、個人的には大きな間違いだと思う。顔を変えるのは親の遺伝子の否定みたいなもの。どう思う？
B：一概に整形手術は悪いとは言えないと思う。顔だけじゃなく、人生もいい方向に変えてくれるからね。

CD 79

[A：日本人 / B：ロシア人]
A: Ты не пьёшь водку?
B: Нет, я её не люблю.
A: Я думал, ты жить не можешь без водки. Ты ведь русский.
B: Это типичный ошибочный стереотип. Нельзя однозначно утверждать, что все русские пьют.

A：きみはウォッカを飲まないの？
B：うん、好きじゃないんだ。
A：きみはウォッカなしじゃ生きられないと思ってた。ロシア人だからね。
B：それは典型的な、間違ったステレオタイプだね。ロシア人だからってお酒が飲めるとは一概には言えないよ。

(80) ① одно́ (то́лько) назва́ние, что + 名詞
② 名詞 – одно́ (то́лько) назва́ние
～など名ばかり

解説・用法

主に 名詞 の主格を伴う。②は、名詞 を前に置き、"名詞 – одно́ (то́лько) назва́ние" という形をとる。

① одно́ (то́лько) назва́ние, что + 名詞

[例] Одно́ то́лько назва́ние, что центр го́рода, здесь побли́зости нет ни метро́, ни магази́нов.
[訳] 街の中心など名ばかりで、この辺りには地下鉄も店もない。

[例] Одно́ назва́ние, что рестора́н япо́нской ку́хни, а поваро́в-япо́нцев нет.
[訳] 日本料理のレストランなど名ばかりで、日本人のコックはいない。

② 名詞 – одно́ (то́лько) назва́ние

[例] Его́ руководя́щая до́лжность – одно́ то́лько назва́ние, он ничего́ не реша́ет.
[訳] 管理職など名ばかりで、彼は何も決めてくれない。

例文

CD 80

A: Ты опя́ть поменя́ла свой моби́льник?
B: Да, э́то после́дняя моде́ль!
A: Заче́м ты купи́ла нену́жную вещь? Одно́ то́лько назва́ние, что после́дняя моде́ль – в ней нет никаки́х но́вых фу́нкций.
B: Нет, ты ничего́ не понима́ешь. Де́ло не в э́том. Я обожа́ю но́вые ве́щи. Почему́? Да потому́ что они́ но́вые!
A: Хм, но но́вые ве́щи не обяза́тельно лу́чше ста́рых.

A：また携帯を換えたの？
B：うん。これ、最新機種だよ。
A：どうして必要のない物を買ったの？ 最新機種なんて名ばかりで、何も新しい機能がないじゃない。
B：いや、何もわかってないねえ。そこじゃないんだ。私は新しい物が大好きなの。どうしてかって？ 新しいから！
A：うーん、でも新しいものが古いものよりいいとは限らないよ。

CD 80

A: Я уже устро́ился на рабо́ту.
B: Я рад за тебя́. А тру́дно бы́ло пройти́ собесе́дование?
A: Да нет, собесе́дование – одно́ то́лько назва́ние, я устро́ился по знако́мству. С са́мого нача́ла бы́ло решено́, что меня́ возьму́т.
B: Хорошо́, когда́ есть блат.

A：やっと就職したよ。
B：よかったね。面接通るのは難しかった？
A：いやあ、面接なんて名ばかりで、知り合いのツテで就職したんだ。最初からぼくを採るって決まってたんだよ。
B：コネがあるのはいいよね。

A: Одно́ назва́ние, что вы́сшее образова́ние – да́же е́сли ты зако́нчишь университе́т, на рабо́те тебе́ предстои́т всё начина́ть с ноля́.
B: Нет, э́то не пра́вда. Вы́сшее образова́ние открыва́ет перед тобо́й бо́лее широ́кие возмо́жности в жи́зни.
A: Но большинство́ студе́нтов отно́сится к учёбе, как к «отсро́чке» от устро́йства на рабо́ту и совсе́м не стреми́тся к зна́ниям.
B: Но всё-таки есть и серьёзные студе́нты, как я!

A：大学教育なんて名ばかりで、たとえ大学を卒業しても、仕事になったらゼロからすべてやり直さなきゃならない。
B：いや、違うな。大学教育によって人生の可能性がより大きく開けてくるさ。
A：でも大多数の学生は勉強を就職するまでの猶予期間だと思って、知識を得る努力をまったくしてないよ。
B：でもやっぱり真面目な学生はいるよ。ぼくみたいなね！

(81) ①да́й(те) кому́ + 動 詞
②разреши́(те) кому́ + 動 詞
～させて(ください)

解説・用法

да́й(те) と разреши́(те) の後ろに、させてもらう人（与格）を置いて動詞の不定形を添える。ты で話す相手には дай, разреши、вы で話す相手には да́йте, разреши́те を使う。会話では与格の部分を省略した方が自然な場合がある。

① дай(те) кому́ + 動 詞

[例] Хмм, да́йте мне поду́мать.
[訳] うーん、少し考えさせてください。

[例] Э́то твой но́вый смартфо́н? Дай посмотре́ть.
[訳] これ君の新しいスマートフォン？見せて。

[例] Да́йте мне [ему́] вы́сказаться.
[訳] 私に[彼に]意見を言わせてください。

② разреши́(те) кому́ + 動 詞

[例] Разреши́те нам объясни́ть.
[訳] 私たちに説明させてください。

[例] Разреши́те предста́виться.
[訳] 自己紹介をさせてください。

例 文

A : Е́сли ты не хо́чешь, я могу́ сам ей обо всём рассказа́ть.
B : Э́то бы помогло́, но я не хочу́ впу́тывать тебя́ в свои́ пробле́мы…
A : Не пережива́й. Мы же друзья́.
B : Спаси́бо. Но всё же дай мне рассказа́ть.

A：もし君が嫌なら、僕が彼女に全部話してもいいよ。
B：それは助かるんだろうけど、君を自分の問題に巻き込みたくはないな。
A：心配しないでよ。友達だろ。
B：ありがとう。でも、やっぱり僕に話させて。

A：Это ты всё приготóвила? Дай попрóбовать.
B：Да, конéчно, попрóбуй. Надéюсь, что получи́лось вкýсно.
A：Ну ты даёшь! Аяко, это даже вкуснéе, чем в ресторáне!
B：Прáвда? Мне óчень прия́тно это слы́шать. Кýшай, кýшай.

A：これ全部君が作ったの？食べてもいいかな。
B：うん、もちろん、試してみて。美味しくできているといいんだけど。
A：やるじゃないか！アヤコ、これレストランよりも美味しいじゃないか！
B：本当？そう言ってくれると嬉しいな。食べて、食べて。

A：Разреши́те мне задáть вам нéсколько вопрóсов. В вáшем общежи́тии есть кóмнаты на одногó?
B：Нет, все кóмнаты на двои́х и́ли трои́х.
A：А скóлько нáдо плати́ть за общежи́тие в мéсяц?
B：Вóсемь ты́сяч рублéй.

A：いくつかあなたに質問をさせてください。あなたの寮には一人用の部屋はありますか？
B：いいえ、部屋はぜんぶ2人、もしくは3人用です。
A：ひと月の寮費はいくらになりますか？
B：8,000 ルーブルです。

A：Кто из вас был в Росси́и в лéтние кани́кулы?
B：Я éздил в Москвý с друзья́ми.
A：Как вам понрáвилось путешéствие в Москвý? Интерéсный гóрод Москвá?
B：Да, óчень. Я ужé хочý снóва поéхать в Москвý. Разреши́те мне подели́ться впечатлéниями о ней.

A：この中に夏休みにロシアへ行ってきた人はいますか？
B：僕は友達とモスクワへ行ってきました。
A：モスクワ旅行は気に入りましたか？モスクワは面白い街でしたか？
B：はい、とても。すでにモスクワへまた行きたいんです。感想を共有させてください。

(82) проблéма в том, что...
問題（なの）は～ことだ。

解説・用法

что 以下に従属文を導いて、何が問題なのかを表す。

[例] Это хорóший смартфóн. Но проблéма в том, что батарéйка быстро садится.
[訳] これはいいスマートフォンだけど、問題は電池がすぐになくなることだ。

[例] Проблéма в том, что у меня нет дéнег.
[訳] 問題なのは僕にお金がないことなんだ。

[例] Проблéма в том, что япóнцы плóхо знáют рýсскую культýру.
[訳] 問題は日本人がロシア文化をよく知らないということだ。

[例] Проблéма в том, что в этом ресторáне нельзя платить кáрточкой. Там принимáют тóлько наличные.
[訳] 問題は、あのレストランはカードで支払いができないことです。現金しか受け付けません。

例文

A : У большинствá студéнтов низкая мотивáция. Почемý?
B : На это есть нéсколько причин. Во-пéрвых, рýсский язык слишком слóжный.
A : Ну да, склонéние и спряжéние – óчень трýдные граммáтические момéнты.
B : Ещё проблéма в том, что в Япóнии слóжно найти рабóту с рýсским языкóм.
A : Да, её почти нет. Надéюсь, что когдá-нибудь эта ситуáция изменится к лýчшему.

A：大半の学生はモチベーションが低いね。なんでだろう？
B：それにはいくつか理由があるよ。まず、ロシア語は難しすぎる。
A：まあね、格変化と活用はとても難しい文法のポイントだね。
B：あと問題なのは、日本でロシア語を使った仕事を見つけるのが難しいこと。
A：そう、ほとんどないよね。いつかこの状況がいい方向へ変わってくれるといいんだけど。

A：У тебя́ есть акка́унт в LINE?
B：Нет. Я не люблю́ э́то приложе́ние.
A：Почему́? Э́то о́чень удо́бное приложе́ние. Я да́же не могу́ предста́вить себе́ жизнь без него́.
B：Пробле́ма в том, что в LINE мо́жно узна́ть, прочи́тано ли письмо́. Сло́во «прочи́тано» заставля́ет меня́ отве́тить.

A：君は LINE のアカウントをもってる？
B：ないよ。あのアプリ嫌いなんだ。
A：なんで？とても便利なアプリじゃないか。もうこれなしの生活なんて想像できないよ。
B：問題なのは、LINE はメッセージが既読かどうかがわかるということ。「既読」という言葉が返信しなきゃって思わせるんだ。

A：Ты совсе́м не обновля́ешь свой Facebook.
B：Э́то то́чно. Facebook – про́сто ме́сто для хвастовства́. Я не люблю́ хва́статься.
A：Ну, вообще́-то да, но ра́зве э́то пло́хо? Иногда́ же можно́.
B：Нет, на са́мом де́ле пробле́ма в том, что мне не́ о чем писа́ть, не́чего фотографи́ровать…
A：Загрузи́ фотогра́фии свое́й соба́ки…

A：君はまったく自分の Facebook を更新しないね。
B：そうだね。Facebook は単に自慢をする場所だよ。自慢話は好きじゃないもの。
A：まあ、実際はそうだけど、それって悪いことかな？たまにはいいじゃないか。
B：いや、実は書くこともないし、写真をとるものもないってことが問題なんだよ…。
A：犬の写真をアップしなよ…。

(83) смотря ＋ 疑問詞
〜次第だ、〜による

解説・用法

смотря の後に疑問詞などを伴って、質問や提案に対して「〜次第だ」と答える際に使う。例えば、смотря где で「場所次第だ」、смотря когда で「時間による」となる。

[例] A : Вы любите гулять?
　　 B : Смотря где.
[訳] A : あなたは散歩が好きですか？
　　 B : 場所によりますね。

[例] A : Поедешь со мной отдыхать летом?
　　 B : Смотря куда.
[訳] A : 夏、一緒にバカンスに行こうか。
　　 B : どこへ行くかによるな。

[例] A : Ты хочешь выйти замуж?
　　 B : Смотря за кого.
[訳] A : 君は結婚したい？
　　 B : 相手次第よ。

例文

A : Мы можем встретиться завтра?
B : Смотря когда / Смотря во сколько.
A : У меня завтра учёба, я освобожусь в пять часов.
B : А я завтра занят до шести.
A : Тогда давай встретимся в семь на станции «Кузнецкий мост».

A：明日会えるかな？
B：時間によるな。
A：わたし、明日は授業があって、5時に暇になるんだ。
B：僕は6時まで忙しい。
A：そしたら7時にクズネーツキイ・モスト駅で会おう。

A : Ты хо́чешь учи́ться в росси́йском университе́те?
B : Смотря́ в како́м.
A : Я в про́шлом году́ е́здил на стажиро́вку в МГУ. Мне о́чень понра́вилось.
B : Говоря́т, там о́чень мно́го япо́нцев, так что я не хочу́. Я бы хоте́ла учи́ться в Институ́те ру́сского языка́ и́мени Пу́шкина. Там хоро́шие преподава́тели.
A : Но совсе́м избега́ть обще́ния с япо́нцами не сто́ит, они́ мо́гут в чём-то помо́чь.
B : Я зна́ю, но счита́ю, что поле́знее обща́ться то́лько на ру́сском языке́.

A：君はロシアの大学で勉強したい？
B：どの大学で勉強するかによるな。
A：僕は去年モスクワ大学へ留学に行ってきたよ。すごく気に入った。
B：あそこは日本人が多いって話だから嫌だな。私はプーシキン記念ロシア語大学に留学したいな。あそこにはいい先生がいるの。
A：でも、完全に日本人との交流を断つのはいけないよ。日本人は何かで助けになってくれる。
B：わかってるけど、ロシア語だけで交流した方がためになると思う。

A : Не хо́чешь фильм посмотре́ть?
B : Смотря́ како́й. Что сейча́с идёт в кино́?
A : Неда́вно вы́шел ру́сский фильм «Арха́нгел». Мне сказа́ли, что он интере́сный.
B : Я уже́ ходи́ла на него́ в выходны́е. Вы́бери что́-нибудь друго́е.
A : Хорошо́, сейча́с посмотрю́ афи́шу в интерне́те.

A：映画見たくない？
B：どんな映画かによるな。いま映画館で何がやっているの？
A：最近「大天使」っていうロシア映画が公開されたんだ。面白いって聞いた。
B：もう休日に見てきたよ。何か他のを選んで。
A：わかった。いまネットで広告を見てみるよ。

重要な単語・表現

　このパートには、本文中に出てくる重要な単語や表現の解説を載せました（単語・表現の使い方／類似表現など）。これらの単語や表現には上に☆マークを付けて表示してありますので、ご活用ください。

☆(1) 重要な単語 ―「携帯電話」やその他の電子機器

　「携帯電話」は言い方がいろいろあります。

> 携帯電話：☐ моби́льник ☐ со́товый (телефо́н) ☐ моби́льный телефо́н
> スマートフォン：☐ смартфо́н　　タブレット：☐ планше́т

☆(3) 重要な単語：①遊びに行く（来る）②遊びにきている

　①遊びに行く（来る）：**приходи́ть-прийти́** к *кому́* **в го́сти**
　　　　　　　　　　　приезжа́ть-прие́хать к *кому́* **в го́сти**

> [例] Алёна приходи́ла ко мне в го́сти три дня подря́д.
> [訳] アリョーナは私のところに三日連続で遊びにきた。

> [例] Приезжа́й ко мне в го́сти в ле́тние кани́кулы. Ты мо́жешь гости́ть у меня́ ско́лько уго́дно.
> [訳] 夏休みぼくの所へ遊びにおいでよ。好きなだけ泊まっていいからさ。

　②遊びにきている／お邪魔している：**в гостя́х у** *кого́*

> [電話で]
> [例] A：Ты сейча́с где?
> 　　 B：Я сейча́с в гостя́х у Са́ши.
> [訳] A：今、どこにいるの？
> 　　 B：今、サーシャの所に遊びにきてるよ。

☆(6) 便利な表現 ― ～AをB（別の日）に移す

■ **переноси́ть-перенести́** A **на** B

> [例] Дава́й перенесём встре́чу на друго́й день.
> [訳] 会うのは他の日にしよう。

[例] Сегодня вечеринки не будет. Мы перенесли её на завтра.
[訳] 今日、飲み会はないよ。明日にしたんだ。

[例] Извините, в понедельник я не смогу провести урок японского языка. Можно перенести его на среду?
[訳] ごめんなさい、月曜日は日本語の授業ができません。水曜日に変更してもいいですか？

☆ (18) 重要な単語 ―「寝る」の使い分け

■ спать：寝る・眠る

[例] Извини, что не брал трубку. Я спал.
[訳] 電話に出なくてごめん。寝てた。

■ уснуть：寝入る・眠りに入る

[例] Я уснул через пять минут после начала урока, и меня разбудил звонок!
[訳] 授業開始5分後には寝てた。それでチャイムで起こされた。

■ ложиться-лечь спать：布団・ベッドに入る・就寝する

[電話にて]
[例] Ну всё – я ложусь спать. До завтра. Пока.
[訳] それじゃあ、寝るわ。また明日。じゃあね。

[例] Я вчера лёг спать около часа ночи, но долго не мог уснуть.
[訳] 昨日、深夜1時くらいに布団へ入ったんだけど、長いこと寝つけなかった。

☆ (20) 使いたくない表現 ―「留年する」

■ оставаться-остаться на второй год

[例] После первого курса я остался на второй год.
[訳] ぼくは一年生で留年した。

[例] Наша кафедра известна своими жёсткими требованиями. Каждый год много студентов остаётся на второй год.
[訳] 私たちの学科は要求が厳しいことで有名だ。毎年、留年する学生はたくさんいる。

☆ (21) 重要な単語 — "вообще"

■ вообще：まったく〜（ない）、全然〜（ない）

　否定語、又はマイナスのニュアンスを持つ語を伴い、否定の意味を強める。

[例] Я вообще не смотрю телевизор.
[訳] 私は全然テレビを見ない。

[例] Моё хобби – это гитара. Хотя я вообще плохо играю.
[訳] ぼくの趣味はギター。まったく下手だけどね。

[例] В этом книжном магазине вообще нет пособий по русскому языку.
[訳] この本屋にはロシア語の参考書がまったくない。

[例] Он учится вообще несерьёзно.
[訳] 彼はまったく不真面目な学生だ。

☆ (23) 重要な単語 —「バカ」

■ идиот-идиотка / дурак-дура

　ロシア語で"идиот-идиотка"や"дурак-дура"と言いますが、日本語の感覚でロシア人にバカと言ったら嫌な顔をされるかもしれません。これらの単語は日本語のバカよりも意味が強いからです。親しみを込めて言いたいなら、"дурашка, дурачок-дурочка"や"глупенький-глупенькая"がいいでしょう。

☆ (25) 重要な動詞 — "зави́сеть от…"

① **зави́сеть от** *кого́-чего́*：〜次第だ、〜による
生格を伴う。

[例] Бу́дущее зави́сит от тебя́ самого́.
[訳] 将来はきみ自身にかかっている。

[例] А：Япо́нцы вступа́ют в брак ра́но или по́здно?
　　 В：Хм, кто́-то же́нится ра́но, кто́-то по́здно. Одни́м сло́вом, э́то зави́сит от челове́ка.
[訳] А：日本人は結婚するの早い？ それとも遅い？
　　 В：早く結婚する人もいれば、遅くにする人もいる。一言で言うと、それは人によるね。

② **зави́сеть от того́, …**：〜次第だ、〜による
後に文を導く。

[例] Для иностра́нцев успе́шное устро́йство на рабо́ту зави́сит от того́, наско́лько хорошо́ они́ владе́ют япо́нским языко́м.
[訳] 外国人の就職が成功するかどうかは、日本語がどれだけ上手に使えるかで決まる。

[例] Хара́ктер ребёнка зави́сит от того́, как его́ воспи́тывают роди́тели.
[訳] 子どもの性格は親の育て方次第だ。

☆ (26) 重要な表現 — "что ли?"

■ **что ли**：〜のか？、〜なの？
疑問や不信感の度合いを強める。

[例] У тебя́ де́нег нет, что ли?
[訳] え、お金ないの？

[例] Ты совсе́м дура́к, что ли?
[訳] お前、そこまでバカなのか？

[例] Почему́ ты не поздра́вил меня́ с днём рожде́ния? Ты забы́л, что ли?
[訳] どうして私の誕生日を祝ってくれなかったの？ 忘れちゃったの？

☆(27) 重要な単語 ― "хорошо́ говори́ть（〜語が上手）"の類似表現

■ свобо́дно говори́ть：流暢に話す

[例] Масао уже́ де́сять лет живёт в Росси́и, поэ́тому свобо́дно говори́т по-ру́сски.
[訳] 正雄はロシアにもう10年住んでいるので、ロシア語を流暢に話せる。

■ говори́ть без акце́нта：自然な〜語を話す

[例] Ма́ша говори́т по-япо́нски совсе́м без акце́нта. Закро́ешь глаза́, и тако́е впечатле́ние, что она́ япо́нка.
[訳] マーシャはすごく自然な日本語を話す。目をつぶったら日本人だって感じがするよ。

■ свобо́дно владе́ть языко́м：(言葉を) 自在に使える

[例] Наш профе́ссор свобо́дно владе́ет англи́йским и ру́сским языка́ми.
[訳] ぼくたちの教授は英語とロシア語を自在に使える。

☆(34) 重要な単語 ―「写真を撮る」

■ снима́ть-снять / фотографи́ровать-сфотографи́ровать

[例] Я люблю́ фотографи́ровать [снима́ть] живо́тных.
[訳] 私は動物の写真を撮るのが好きです。

[例] Не снима́й меня́. Я сейча́с совсе́м не накра́шена.
[訳] 写真撮らないで。今、全然化粧してないから。

[例] Тепе́рь сфотографи́руй меня́.
[訳] 今度は私を撮って。

☆ (37) 重要な単語 ― 「専攻・専門」

■ специа́льность

[例] Моя́ специа́льность – совреме́нная япо́нская литерату́ра. А кто ты по специа́льности?
[訳] 私の専攻は「現代日本文学」です。あなたの専攻は？

[例] Я не зна́ю, каку́ю специа́льность вы́брать.
[訳] どんな専門を選んだらいいかわからないよ。

☆ (41) 知っておきたい単語 ― 血液型

□ O 型: пе́рвая гру́ппа кро́ви　□ A 型: втора́я гру́ппа кро́ви
□ B 型: тре́тья гру́ппа кро́ви　□ AB 型: четвёртая гру́ппа кро́ви

☆ (44) 重要な単語 ― （時間が）かかる

「（時間が）かかる」は、"заня́ть（①）"、"потре́боваться（②）"、"уйти́（③）"などの動詞を使って表せる。

① занима́ть-заня́ть

[例] Перево́д э́того те́кста за́нял два дня.
[訳] このテキストを訳すのに 2 日間かかった。

[例] Ремо́нт компью́тера займёт не ме́ньше трёх неде́ль.
[訳] パソコンの修理には少なくとも 3 週間はかかる。

[例] Е́сли пешко́м, то доро́га до ста́нции занима́ет три́дцать мину́т.
[訳] 歩きなら駅まで 30 分かかる。

② тре́боваться-потре́боваться для *чего́* / **что́бы** + 動詞 など

[例] Потре́бовался це́лый день, что́бы перевести́ одну́ страни́цу!
[訳] 1 ページ訳すのに丸一日かかってしまったよ。

[例] Су́дя по моему́ о́пыту, для получе́ния ви́зы тре́буется бо́льше трёх дней.
[訳] 私の経験から言って、ビザ取得には 3 日以上かかる。

③ **уходи́ть-уйти́ на** *что*

[例] Я не о́чень хорошо́ разбира́юсь в компью́тере, и у меня́ три часа́ ушло́ на то, что́бы установи́ть но́вую програ́мму.
[訳] パソコンにあまり詳しくないから、新しいプログラムを入れるのに3時間かかった。

☆ (47) 重要な単語 ― "выступле́ние" "выступа́ть-вы́ступить"

■ выступле́ние：発表

[例] Те́ма моего́ выступле́ния – влия́ние ру́сской класси́ческой литерату́ры на япо́нскую.
[訳] 私の発表のテーマは、ロシアの古典文学が日本の古典文学に与えた影響です。

■ выступа́ть-вы́ступить：発表する

[例] Он вы́ступил с докла́дом на те́му "Интерне́т и совреме́нное о́бщество".
[訳] 彼は「インターネットと現代社会」というテーマでレポートの発表をした。

☆ (49) 重要な単語 ―「ハーフとクォーター」

■ ハーフ：наполови́ну…

[例] Ле́на наполови́ну ру́сская, а наполови́ну япо́нка.
[訳] レーナはロシア人と日本人のハーフだ。

■ クォーター：на че́тверть…

[例] Де́душка у Таро – ру́сский, то есть сам Таро на че́тверть ру́сский. Но ру́сского языка́ он совсе́м не зна́ет.
[訳] 太郎のおじいさんはロシア人。つまり太郎はロシア人のクォーターだ。でもロシア語はまったく知らない。

☆ (53) タバコに関する単語

□喫煙：куре́ние　□1箱：одна́ па́чка　□1カートン：оди́н блок
□タバコをやめる：бро́сить кури́ть

[例] Па́па выку́ривает по две па́чки сигаре́т в день.
[訳] 父さんは1日に2箱吸う。

[例] Коне́чно, куре́ние не снима́ет стресс. Для меня́ оно́ – всего́ лишь спо́соб уби́ть вре́мя.
[訳] もちろん、喫煙はストレス解消にならない。ぼくにとって単なる時間つぶしでしかないね。

☆ (61) 重要な単語 ―「間違える（取り違える）」

■ пу́тать-перепу́тать

[例] Я перепу́тала расписа́ние уро́ков и взяла́ не тот уче́бник.
[訳] 授業の時間割を間違えて、ちがう教科書をもっていった。

[例] Во вре́мя моего́ выступле́ния я, наве́рное, перепу́тал како́е-то ру́сское сло́во. Потому́ что вдруг все находи́вшиеся в за́ле ру́сские засмея́лись.
[訳] 発表しているとき、ぼくは何かロシア語の単語を間違えたのだろう。ホールにいたロシア人がみんなとつぜん笑い始めたから。

[電話で]
[例] A: Алло́, приве́т. Ты мне звони́л?
    B: Да, но на са́мом деле, я звони́л Са́ше и перепу́тал ва́ши номера́. Извини́.
[訳] A: もしもし、やあ。電話した？
    B: うん。実はサーシャに電話したんだけど、きみたちの番号間違えちゃってさ。ごめんよ。

☆ (65) 重要な動詞 ―「ダウンロードする」

■ ска́чивать-скача́ть

[例] Нельзя́ ска́чивать пира́тские ко́пии програ́мм.
[訳] 海賊版のプログラムはダウンロードしてはいけない。

[例] Ты зна́ешь, где мо́жно скача́ть обо́и э́того певца́?
[訳] この歌手の壁紙はどこでダウンロードできるか知ってる？

☆ (78) "ско́лько мо́жно" の類似表現

■ всему́ есть преде́л：何事にも限度がある。

[例] Зна́ешь, всему́ есть преде́л! Хва́тит жить за чужо́й счёт!
[訳] あのね、何事にも限度ってものがある。人の金で生活するのもいい加減にして。

[例] Как же я уста́ла от твоего́ постоя́нного вранья́… Всему́ есть преде́л!
[訳] きみはいつも嘘つくから、私、もう疲れちゃった。何事にも限度があるわ。

[例] Я понима́ю, ты до́брая, но всему́ есть преде́л! Как ты мо́жешь позволя́ть ему́ так обраща́ться с тобо́й?
[訳] きみが優しいのはわかる。けど何事にも限度がある。なんであいつにそんな口の聞き方を許してるの。

☆ (78) 重要な表現 ―「要するに、手短に言えば」

■ коро́че (говоря́), …

[例] A：Почему́ Ле́на тебе́ нра́вится?
B：Ну, потому́ что она́ симпати́чная, у́мная, до́брая. Коро́че говоря́, она́ – мой идеа́л.
[訳] A：どうしてレーナのこと好きなの？
B：うーん、なぜならかわいいし、頭いいし、優しいし。要するに、ぼくの理想なんだ。

[例] A：Что бу́дет на экза́мене?
B：Сочине́ние, граммати́ческие зада́ния, слова́ из пе́рвых пяти́ уро́ков уче́бника. Коро́че, всё, что мы прошли́ в пе́рвом семе́стре.
[訳] A：テスト、何が出る？
B：作文、文法問題、教科書の最初の5課分の単語。要するに、前期にやったところ全部だよ。

監修者

村田真一（むらた　しんいち）

東京外国語大学大学院修士課程修了。現在、上智大学外国語学部ロシア語学科教授、ウクライナ国立ポルタワ教育大学栄誉教授。
専門は、ロシア演劇、ロシア文化論。2007年、ロシア語の普及とロシア文化研究への貢献により、プーシキンメダル受章（ロシア大統領令による）。
著書に『会話で覚える ロシア語動詞333』（東洋書店）など。共著に『21世紀ヨーロッパ学──伝統的イメージを検証する』（ミネルヴァ書房）、『ギリシア劇と能の再生──声と身体の諸相』（水声社）など。訳書に『現代日本戯曲集Ⅰ・Ⅱ』（日露演劇会議編、ロシア語訳）などがある。

著者

佐山豪太

1983年 町田市生まれ
2006年 アークアカデミー（日本語教師養成講座）卒業
2006年 極東国立総合大学（ロシア）留学
2008年 上智大学外国語学部ロシア語学科卒業。自動車メーカー入社。おもにロシア・CIS担当
2012年 東京外国語大学大学院博士前期課程入学
2014年 東京外国語大学大学院 博士後期課程入学
2015年 ロシア科学アカデミー B.B.ヴィノグラードフ記念ロシア語研究所 研修
　　　（日露青年交流センター　若手研究者等フェローシップ）
2016年 日本学術振興会特別研究員ＤＣ

新版　ロシア語使える文型80

定価はカバーに表示してあります。

2016年11月1日　新版発行Ⓒ

監修者	村田　真一
著　者	佐山　豪太
発行者	揖斐　憲

発　行　東洋書店新社

〒150-0043　東京都渋谷区道玄坂1丁目19番11号
　　　　　　寿道玄坂ビル4階
　　　　　　TEL 03-6416-0170　FAX 03-3461-7141

発　売　垣内出版株式会社

〒158-0098　東京都世田谷区上用賀6丁目16番17号
　　　　　　TEL 03-3428-7623　FAX 03-3428-7625

装　幀　佐山慶太　柳川大地
印刷・製本　中央精版印刷株式会社

落丁，乱丁本はお取り替え致します。　　　ISBN978-4-7734-2021-0

東洋書店新社の好評関連書

一冊目のロシア語[新版] CD付き
中澤英彦著　A5判・250頁・本体2,000円
- 「ドストエフスキーを原書で読みたい、ロシア人と仲良くしたい、とにかくロシア語を覚え、存分に使いたい」という初学者・やり直し学習者に向けた一冊。
- CDの活用で「会話」「発音練習」を通じた発信型の学習もすすめられる。

時事ロシア語[新版]
加藤栄一著　A5判・320頁・本体2,800円
- ロシア国営テレビのニュースサイト・BBCのロシア語放送等をテキストに様々なニュースをとりあげ、語彙と訳例、重要語句と関連事項を示した。
- 日本語・ロシア語双方の索引を充実させ、重要性の高まるロシア関連の国際政治・経済ニュースを読み解くキーワード集としても役立つ。

現代ロシア語文法[新版]
城田俊著　A5判・688頁・本体4,800円
- 刊行以来17年間支持されたロングセラー『現代ロシア語文法』が遂に改訂。
- ロシア語の読解・作文・文法の知識の取得を目指す学習者に必要な文法事項を網羅。これ一冊を読破すれば文法はもちろん、会話までマスターできる。ロシア語学習書の決定版！

現代ロシア語文法 中・上級編[新版]
城田俊・八島雅彦著　A5判・368頁・本体3,800円
- ロシア語学習で最重要のキーである「格」と「前置詞」の用法について（第1部）、より自然なロシア語を習得するために、語彙と慣用的表現について（第2部）詳述。
- ロシア語完全マスターまであと一歩、の学習者のためのハイレベルな一冊。

ロシア語ハンドブック[新版]
藤沼貴著　A5判・560頁・本体3,800円
- ＜表現・文法編＞と＜テーマ別語彙・項目編＞の二部構成で多角的に学べる。
- 巻末には約5千語の語彙索引を挙げて、ちょっとした「和露小事典」としても活用できる。

ロシア語文法便覧[新版]
宇多文雄著　A5判・484頁・本体4,200円
- 豊富なロシア語教授の経験に基づいて執筆。学習者必携の参考書。
- あらゆるレベルの学習者に役立つ。辞書のように使い込むうちに自然とロシア語の力を高めることができる。

ロシア語で読む星の王子さま[新版] CD付き
八島雅彦訳注　A5判・176頁・本体2,800円
- サンテグジュペリの名作をロシア語で。楽しんでロシア語が身につく。
- 読解力をつけたい初級を終えた読者におすすめ。
- 耳でも楽しめる朗読CD付き。

発売・垣内出版